# 扎根西部 仰望星空

## ——记北京航空航天大学第二十二届研究生支教团

◎张晓磊　主编

北京航空航天大学出版社
BEIHANG UNIVERSITY PRESS

**图书在版编目（CIP）数据**

扎根西部　仰望星空：记北京航空航天大学第二十
二届研究生支教团 / 张晓磊主编. -- 北京：北京航空
航天大学出版社，2022.8

ISBN 978-7-5124-3851-4

Ⅰ．①扎…　Ⅱ．①张…　Ⅲ．①不发达地区－教育工作
－成果－汇编－中国　Ⅳ．①G527

中国版本图书馆CIP数据核字（2022）第133401号

**扎根西部　仰望星空：记北京航空航天大学第二十二届研究生支教团**

责任编辑：李　帆
责任印制：秦　赟
出版发行：北京航空航天大学出版社
地　　址：北京市海淀区学院路37号（100191）
电　　话：010-82317023（编辑部）　　　010-82317024（发行部）
　　　　　010-82316936（邮购部）
网　　址：http://www.buaapress.com.cn
读者信箱：bhxszx@163.com
印　　刷：天津画中画印刷有限公司
开　　本：710mm×1000mm　1/16
印　　张：19.75
字　　数：275千字
版　　次：2022年8月第1版
印　　次：2022年8月第1次印刷
定　　价：96.00元

# 编委会

顾　问：庄　岩

策　划：刘　洋　丁瑞云

主　编：张晓磊

副主编：冯　琨　李汶倩　李浩源　徐国辉

编委会成员（以姓氏笔画为序）

马文清　王云帆　王显菲　王姝钦　石　一　任永坤

刘依凡　刘露露　李　闪　杨晓龙　张钰琦　阿茹娜·叶尔肯

夏守月　彭泰膺　靳树梁

# 前　言

　　"扎根西部,仰望星空。"用一年不长的时间,做一件终生难忘的事。

　　五地、六校、20人……一年的故事,一生来感悟。北京航空航天大学自2002年加入共青团中央和教育部共同组织实施的"中国青年志愿者扶贫接力计划研究生支教团"项目,至今已派遣19批共240名研究生赴中西部贫困地区投身基础教育和志愿服务工作。

　　过去的一年,北京航空航天大学第二十二届研究生支教团始终以教育教学为主责,以志愿扶贫为追求。他们奔赴祖国中西部地区,任教山西中阳县第一中学、西藏山南市职业技术学校、宁夏泾源县新民中心小学、新疆吉木萨尔县第三小学、新疆吉木乃县初级中学、新疆吉木乃县直小学等六所中小学,扎实有序开展基础教育、第二课堂及志愿扶贫工作,将特色鲜明的支教品牌打造成为北航学生参与社会实践和思政教育的生动课堂。

　　本书以一年来各相关平台的新闻报道文章为引,以回顾全团整体的相关工作为"面",以五支服务地分队开展的代表性活动为"点",以点带面,点面结合,全景式地构建北京航空航天大学第二十二届研究生支教团在教育教学、思想引领、公益实践、感想感悟等方面的故事网络,分录在"关于我们""主责耕耘""思想引领""科学拓展""温暖汇聚""印记共享""感悟心声"七个篇章。

　　期待本书能通过一节节全面严谨的篇章,一个个真实生动的故事,一段段感人难忘的回忆,梳理北航第二十二届研究生支教团的经验,记录下20名志愿者这一年最为美好的瞬间,带领读者感受北航青年在奉献西部的无悔事业中成长与收获的青春印迹，激励更多青年学子在祖国西部的广阔舞台上丰富阅历、磨炼意志、增长才干。

新时代呼唤新思考，新征程当有新作为。愿更多青年一同携手，实践担当，奋发有为，让青春在党和人民最需要的地方绽放绚丽之花！

编者

于北京航空航天大学

2021年9月

# C目 录
## CONTENTS

## ■ 第四篇　科学拓展 ■

## ■ 第五篇　温暖汇聚 ■

## 第六篇　印记共享

## 第七篇　感悟心声

# 回首一年

## ——记北京航空航天大学第二十二届研究生支教团

五地、六校、20人……一年的故事，一生来感悟。北京航空航天大学自2002年加入共青团中央和教育部共同组织实施的"中国青年志愿者扶贫接力计划研究生支教团"项目，至今已派遣19批共240名研究生赴中西部贫困地区投身基础教育和志愿服务工作。

过去的一年，北京航空航天大学第二十二届研究生支教团始终秉承志愿奉献精神，以教育教学为主责，以志愿扶贫为追求。肩负创新实践担当，奔赴新疆、西藏、宁夏、山西等地，投身各中小学岗位，扎实有序开展基础教育、第二课堂及志愿扶贫工作，将特色鲜明的支教品牌打造成为北航学生参与社会实践和思政教育的生动课堂。在建党百年这一伟大的历史节点，他们将青春无悔的奋斗印迹留在祖国西部的广阔天地上。

### 一、务实主责，在扎根奉献中担当教育扶贫使命

边远贫困农村和少数民族地区要发展，教育是关键。地区偏远、交通不便、师资匮乏、家庭教育观念相对落后、几百甚至几千名学生对知识迫切需求……这是大多数支教志愿者目睹的教育发展现状，东西部教育发展不平衡仍是当前存在的突出问题。

这一年，初心矢志不渝。北航第二十二届研究生支教团把教育作为"阻断贫困传递、改善教育民生"的重要抓手，担当教育教学主责，践行教育扶贫使命。20名志愿者整体任教山西中阳县第一中学、西藏山南市职业技术学校、宁夏泾源县新民中心小学、新疆吉木萨尔县第三小学、新疆吉木乃县初级中学、新疆吉木乃县直小学等六所

学校30余个班级。年度授课超10 000课时，负责语文、数学、英语等"全科"近十门课程。承担班主任、德育处、教务处等十余个行政岗位工作，覆盖小学、中学和中职各年级，以实际行动为中西部地区教育均衡发展提供师资保障。

这一年，育人成效显著。从"新手教师"到"课堂达人"，从出发前的多维度覆盖、参与式培养，到初上讲台的悉心求教、努力提升，支教团充分吸收优质教学经验，循序渐进改进教学方法，探索引进优质教育理念，形成"学业、思政、心理"相结合的三维"教学+"模式，助力学生全面发展，取得全县第一、学区前五、年级第二、平均分提升20分等一系列教育教学优异成绩。六人次获评县级、校级优秀教师等称号。同时针对不同校情学情，支教团在中阳、山南、吉木乃等地组织专业规划、学习备考、励志成才等系列专题讲座近十场，覆盖学生近1500人。

## 二、全面育人，在第二课堂中厚植空天报国情怀

以学科优势为依托，是北航第二十二届研究生支教团开展第二课堂工作的重要主线。让更多的青少年心怀科学梦想、树立创新志向，这是支教团始终努力践行的目标追求。

这一年，打造科学文化。团队入选"青少年STEM教育计划"科教支教团项目（全国仅25所），指导学生成立科技社团、机器人社团和科学类兴趣小组，开设系列创新实践课程，形成"科教1+1"模式。不论是《打造中国航空发动机叶片"金钟罩"》《嫦娥五号首次月面采集》等主题丰富的专业知识，还是协同校内院系共同开展"教授进中学"主题讲座，都覆盖基础学科、科技前沿和思政教育等，显著提升科普成效；不论是月地三球仪、水果电池、太阳能汽车等动手制作，还是依托"冯如杯""挑战杯"等优质双创资源，以及学生航模队、宇航协会等社团组织，一系列有特色、切实际、重质量的科普活动深受当地师生喜爱，受到《吕梁日报》、中国青年网等媒体报道，

成为支教品牌的新课堂、新名片。

这一年，空天精神相传。亲手做航模、亲手"发火箭"，邀请嫦娥五号副总设计师彭兢等优秀校友开展讲座，打造航空航天模型与实物文化展示区，组织国家重点实验室云参观VRLab体验，"北航四号"探空火箭案例实际讲述，航空航天科普讲团远程授课……十余场航空航天特色拓展活动圆满开展，带动了西部与北航形成科普基地育人通道。在孩子们心中，"长征""神舟""天宫""嫦娥""北斗"等词汇已经不是遥不可及的话题，"空天报国"的北航精神正随着支教团的足迹被播撒得更广更远。

## 三、桥梁帮扶，在创新实践中开拓资源连通渠道

第二十二届研究生支教团通过企业、校友、政府、社会组织建立起资源平台与西部地区的连接，凝聚社会多元力量发挥枢纽作用，有力支持西部事业发展。

这一年，温暖始终相伴。一年时间，多类公益活动的开展支持当地育人扶贫工作，关爱贫困学子成长。发起"你的心愿我来圆"活动，达成宁夏南部山区乡村小学贫困学子206份新年心愿礼物（近年来累计超1000份）；开展"航予新愿"图书募集，收到校内师生及社会爱心人士1000余本书籍捐赠；调动团队奖助学金、拉动企业支持等金额达2万元，无偿捐赠新疆吉木萨尔县第三小学全学科科学课程器材；联络社会公益组织，资助宁夏乡村小学全校所有班级图书角建设，收到共计约2000本优质图书；收到校内外爱心人士文具用品、模型实物、文化服装等大批物资；组织"纸短情长·心系西藏"书信活动等，在教育资源、物质支持和人文关怀方面作出了贡献，培根铸魂，启智润心。

这一年，不断开拓平台。充分总结19年来的经验做法，第二十二届支教团扎根西部，入选青年志愿者"助力乡村学校少年宫建设"，组织民法典、航空航天宣讲团等系列辅导，积极共建"北航—泾源"

大学生社会实践基地，按计划开展新疆、宁夏两场北京游学活动，逐步组织多批次学生实践团队奔赴各服务地，实现校地资源的有机结合和优化配置。依托主题调研、特色支教、实习实训、文化体验等系列实践活动，发挥支教志愿者在教育扶贫和乡村振兴方面的功能作用。

## 四、融入时代，在接力传承中续写青春奋斗华章

大有可为，也应大有作为。在虽平凡但无悔的事业中努力作出应有的贡献，需要一代代青年接续奋斗。

这一年，共享时代机遇。参观党史文化展馆、考察革命老区、下乡走访脱贫成效，同时第二十二届研究生支教团志愿者积极参与七彩假期、环境保护、关怀辅导等20余项实践工作，始终以思想精神引领贯穿服务工作，深刻推动党史精神学习，学习情况受到《新闻联播》关注。除此之外，在支教学校组建首届学生国旗护卫队，组织上党课、做实践、讲故事、唱红歌等系列活动，受到CETV-1、海外网、中国网、中国青年网等关注报道。厚植家国情怀，欢庆百年华诞。

这一年，收获青春回忆。与学生相处的一年，朝夕相伴的嬉笑怒骂中，一声声稚嫩纯真的"老师好"、一句句"我要考北航""我要去北京"的坚定话语、一份份用心满满的离别礼物……成为服务西部时才能感受到的专属印记。一年的满载收获，也将成为一届届支教志愿者今后人生旅途中的奋斗动力，永葆初心，不负成长。新时代呼唤新思考，新征程当有新作为。自2002年以来，属于北航的支教故事已经传承了19年，240名志愿者立足西部，传道授业，积极开展志愿支教和扶贫工作，留下一大批特色传统和感人故事，激励着更多青年学子在祖国西部广阔的舞台上丰富阅历、磨炼意志、增长才干。

一届届研究生支教团接力启航，青春奋斗的故事，仍在继续书写……

# 第一篇　关于我们

　　过去的一年，北京航空航天大学第二十二届研究生支教团自工作以来，始终秉承志愿奉献精神，以教育教学为主责，以志愿扶贫为追求。肩负创新实践担当，奔赴新疆、西藏、宁夏、山西等地，投身各中小学岗位，扎实有序开展基础教育、第二课堂及志愿扶贫工作，将特色鲜明的支教品牌打造成为北航学生参与社会实践和思政教育的生动课堂。

　　2021年，在建党百年这一伟大的历史节点，他们将青春无悔的奋斗印迹留在祖国西部的广阔天地上。

# 北京航空航天大学研究生支教团简介

## ——传承19年的故事，正在接力书写

### 整体情况

北京航空航天大学自2002年加入共青团中央和教育部共同组织实施的"中国青年志愿者扶贫接力计划研究生支教团"项目，至今已派遣19批共240名研究生赴中西部贫困地区投身基础教育和志愿服务工作。19年来，北航研究生支教团充分依照全国项目办指导要求，并结合学校自身优势特色，形成具有鲜明北航特色的支教品牌，把教育作为"阻断贫困传递、改善教育民生"的重要抓手，秉承"奉献、友爱、互助、进步"的志愿者精神，按照"扶贫先扶智、治贫先治愚、脱贫抓教育"的工作思路，扎实有序开展基础教育、第二课堂及志愿扶贫工作，成为北航学生参与社会实践和思政教育的新课堂，事迹曾受《人民日报》头版报道，项目曾获全国志愿服务项目大赛银奖，孙志伟、初征、唐鹏飞等多人次获"中国青年志愿者优秀个人"等各级

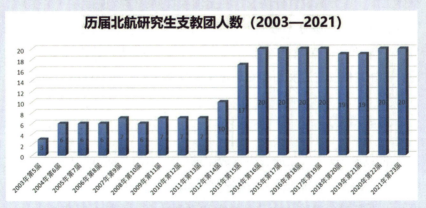

北京航空航天大学研究生支教团历届人数

荣誉称号。

　　已结束服务的第二十二届研究生支教团（2020—2021年）由来自15个院系的20名毕业生经过层层选拔、考核和面试组建完成，分别派遣至新疆吉木乃、新疆吉木萨尔、西藏山南、宁夏泾源和山西中阳五个服务地，覆盖中小学各学年级，坚持"教育教学是主责，志愿扶贫是追求"为主线，参与一线教学和志愿实践工作。

■ 北京航空航天大学研究生支教团派遣服务地

## 组织架构

　　北京航空航天大学研究生支教团现规模为五个分团，由团长负责整体工作，各分队设置分队长，在全国项目办、学校项目办（团委）、服务地项目办和服务学校共同指导关心的体系内开展工作，同时坚持与下一届研究生支教团在培养和交接上做好联动，持续做好对内沟通、对外宣传、对上反馈和对下传承的体系模式，提升服务质量。

## 培养模式

　　北京航空航天大学研究生支教团结合全国项目办管理要求和学校实际，制定多维度培训培养和考核管理办法，全方面覆盖、参与式培养，提升志愿者综合素质，为教育教学和系列社会工作打下坚实基础。

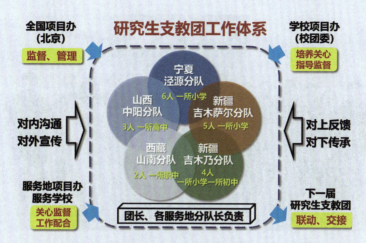

■ 北京航空航天大学研究生支教团工作体系

■ 北京航空航天大学研究生支教团培养体系

　　受新冠肺炎疫情影响，北京航空航天大学第二十二届研究生支教团打造线上线下相结合的培养工作模式，组织成员开展主题教育、教学培训、课堂观摩、线上讨论、经验传承等多元化活动十余场，积极创新工作思维，探索培养培训新思路。

　　在思想引领上，研究生支教团志愿者始终坚持理论学习和思想引领建设，成立研究生支教团团支部，依托团支部功能开展主题教育。组织线下参观展览、学习实践，同时创造线上"微团课"形式，内容围绕理论素养和专业知识，结合理解志愿奉献、立德树人、实践才干、团学工作精神等。

■ 第二十二届研究生支教团参观"今日北航"展览

■ 第二十二届研究生支教团团支部系列活动

　　在教学技能上，第二十二届研究生支教团形成线上与线下结合教学培训方案，修订具体考核办法，确保岗前培训和业务学习正常进行。

　　（1）现场考察。研究生支教团充分用好北航实验学校师资资源，组织课堂旁听、教师讲座等系列活动，尽早适应教育教学身份转变。

■ 第二十二届研究生支教团现场观摩

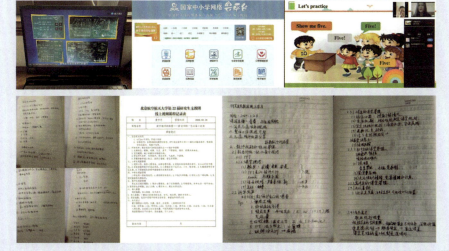

■ 第二十二届研究生支教团网络学习

（2）MOOC学习。研究生支教团成员充分挖掘爱课程、中国大学MOOC等优质教学资源，集中学习《新手教师训练营》视频课程，重点关注中小学教师在新手适应期间教师技能、班级管理、了解学生、家长沟通等方面遇到的实际问题，掌握教育学和心理学基本知识原理并提升管理能力、人际交往能力、职业规划能力以及自我心理调节能力。

（3）网上观摩。结合疫情期间"停课不停学"的网络教学方式，研究生支教团开启线上课程观摩，积极关注国家中小学网络云平台，自发学习防疫教育、品德教育、专题教育、课程学习、电子教材及影视教育等资源，掌握中小学学科知识。同时远程观摩第二十一届研究生支教团授课的方式，熟悉中小学课堂、了解服务地教学环境、培养中小学生教学思维。

（4）教师指导。邀请北航实验学校等多位从事一线中小学教学多年的高级教师举办讲座指导，针对支教团各成员新手教师身份，结合长期教学工作经验和实际案例，内容主要围绕中小学年龄段学习特点、教学备课方法、授课要点和技巧、纪律管理及家长沟通等方面进行。

在社会工作上，研究生支教团全员挂职校党委、团委等学工部门，实际参与组织校内外大型活动，提升工作能力。

在经验传承上，充分发挥品牌效应，组织往届及兄弟高校成员的交流活动，由历届典型代表分享支教故事、工作经历、生活体会，引导新一届志愿者熟悉相关管理规定，了解服务地风土人情，做好派遣前的各项准备工作。

在助力战"疫"上，研究生支教团志愿者始终坚持关注疫情防控新闻动态，自发响应党团支部号召，多人参与志愿捐款、组织手写战"疫"祝福等，为助力战胜疫情作出力所能及的贡献。同时响应少出门、少聚集的号召，利用假期时间认真充实居家生活，围绕学习新技能、居家做美食、体育锻炼"打卡"等多种形式为自己"充电"。

■ 第二十二届研究生支教团教师讲座

■ 第二十二届研究生支教团参与重大活动

■ 第二十二届研究生支教团分享交流系列活动

■ 第二十二届研究生支教团助力战"疫"系列活动

### 理念职能

北京航空航天大学研究生支教团始终以坚守两个职能为出发点。

一是志愿帮扶。依托系列活动在教育资源、物质支持、人文关怀方面作出贡献，发挥支教志愿者在教育扶贫和乡村振兴方面的功能作用，培根铸魂，启智润心，积极在西部地区播撒爱国奉献的青春火种。

二是实践育人。将支教作为志愿者知行合一、增长才干的思政课堂，鼓励成员在基层实践中锻炼成长，拓宽视野、体悟国情，加强人生经验和社会知识的学习，通过实践创新扎根中国大地，成长为合格的青年马克思主义者。

■ 北京航空航天大学研究生支教团公益实践体系

# 幸会|第二十二届的每一位伙伴

## ——感恩相遇，"志合者，不以山海为远"

北京航空航天大学第二十二届研究生支教团由来自15个院系的20位志愿者组成，分别奔赴宁夏、山西、新疆、西藏共五个服务地开展基础教育工作。

### 宁夏泾源分队

张晓磊，男，中共党员，毕业于北京航空航天大学宇航学院，北京航空航天大学第二十二届研究生支教团团长、宁夏泾源分队队长。

本科期间曾任校团委志愿者工作部部长、党委宣传部学生干事、彩虹明天公益社团支书兼外联部部长等学生工作职务7项，参与社会公益及实践项目近40个，服务时长超1000小时，出席海峡两岸暨香港、澳门及首都高校志愿公益交流10次，参与"一带一路"论坛、亚洲文明对话大会、北京世园会、青少年高校科学营、中华人民共和国成立70周年庆祝活动、第十六届"挑战杯"竞赛等工作。获评北京市优秀毕业生、海淀区十大明星志愿者、"青春三下乡"优秀运营编辑、北京航空航天大学优秀学生干部、优秀志愿者、十佳志愿者、三好学生、优秀团员、暑期社会实践先进个人、国庆70周年庆祝活动先进工作者等荣誉近30项。

石一，女，共青团员，毕业于北京航空航天大学材料科学与工程学院，北京航空航天大学第二十二届研究生支教团宁夏泾源分队队员。

曾任校团委办公室主任、北航钢琴协会艺术总监、行政班学习委员等职务，积极参与学生工作、科研竞赛以及文艺演出，参与志愿服务和实践活动累计20余项，志愿服务时长417小时。曾获北京市优秀毕业生、北京航空航天大学三好学生、优秀学生干部、社会工作优秀奖学金、第二十九届"冯如杯"学生学术科技作品竞赛一等奖、第六届北航大学生综艺展演最佳创意奖等荣誉。

刘露露，男，中共党员，毕业于北京航空航天大学航空科学与工程学院，北京航空航天大学第二十二届研究生支教团宁夏泾源分队队员。

曾担任校党校组织部部长、校团委宣传部部长、党委组织部半脱产学生干部、1605宣传委员、160511班班长、百度俱乐部主席、航空学院分团委组织部干事等职务。曾获国家励志奖学金、北京航空航天大学优秀团员、优秀学生干部、三好学生、创新创业奖学金、志愿公益奖学金、社会工作优秀奖学金、校党校优秀学生干部、第五届中国"互联网+"大学生创新创业大赛（北京赛区）二等奖、第29届"冯如杯"创业大赛银奖、第29届"冯如杯"诺基亚"互联世界"竞赛二等奖、第13届北京市发明创新大赛铜奖等荣誉。

靳树梁，男，共青团员，毕业于北京航空航天大学仪器科学与光电工程学院遥感科学与技术专业，北京航空航天大学第二十二届研究生支教团宁夏泾源分队队员。

本科期间任校团委社团工作部副部长、北航红十字会外联部部长等职务。曾前往河南商丘等地进行支教，参与第十六届"挑战杯"全国大学生课外学术竞赛等多项志愿活动，志愿时长累计500小时。曾获北京地区高校大学生优秀创业团队二等奖、北京航空航天大学三好学生、社会实践先进个人、优秀志愿者、"冯如杯"创业大赛银奖、志愿公益一等奖学金等荣誉。

马文清，女，共青团员，毕业于北京航空航天大学交通科学与工程学院，北京航空航天大学第二十二届研究生支教团宁夏泾源分队队员。

曾任校团委第二课堂副部长、北京航空航天大学国旗护卫队第十四届分队长。曾前往河南民权支教，参与第十六届"挑战杯"全国大学生课外学术竞赛等工作，个人志愿服务时长累计达548小时。获普通高等学校国家励志奖学金、北京航空航天大学学习优胜奖、优秀团员、优秀志愿者等个人荣誉，以及北京高校第九届国旗仪仗队检阅式比赛一等奖、全国高校第五届国旗仪仗队比赛特等奖等团体荣誉。

王云帆，男，共青团员，毕业于北京航空航天大学能源与动力工程学院，北京航空航天大学第二十二届研究生支教团宁夏泾源分队队员。

曾任校团委实践部副部长、能源与动力工程学院2016级组织委员。本科期间曾参与"星火小学"乒乓球支教活动为期一学期，长年参与房山朗悦学校课后支教活动。曾获北京市信息学奥林匹克竞赛优秀指导教师奖、北京航空航天大学工程设计竞赛一等奖、北京航空航天大学学科竞赛奖学金二等奖等荣誉。

## 山西中阳分队

李汶倩，女，中共党员，国家二级运动员，毕业于北京航空航天大学经济管理学院，北京航空航天大学第二十二届研究生支教团山西中阳分队队长。

本科期间曾任校党委宣传部、校团委科技部学生干部，曾参加首都高等学校沙滩排球联赛、"沙湖杯"中国大学生沙滩排球精英赛、中国大学沙滩排球锦标赛等各大体育竞赛，加入校内公益实践类组织，参与海淀区优秀志愿服务项目"创可乐"创意课程支教、京港澳台大学生航空航天夏令营、2019中国北京世界园艺博览会、2019青少年高校科学营、第十六届"挑战杯"全国大学生课外学术科技作品竞赛等志愿项目，服务时长700余小时。获北京航空航天大学优秀毕业生、三好学生、优秀志愿者、优秀团员、经管学院"经管星——志愿公益星"等荣誉。

李闪，女，共青团员，毕业于北京航空航天大学外国语学院，北京航空航天大学第二十二届研究生支教团山西中阳分队队员。

曾任职校团委志愿者工作部、校团委对外交流中心、北航蓝天志愿者协会等多个学生组织，本科期间参与中国科技馆讲解、中华人民共和国成立70周年庆祝活动、第十六届"挑战杯"全国大学生课外学术科技作品竞赛、"香港领袖生内地交流计划"等志愿项目，累计服务时长700余小时。曾获北京市三好学生、北京航空航天大学优秀毕业生、三好学生、优秀志愿者、优秀学生干部、志愿公益奖学金、社会工作优秀奖学金、学习优秀奖学金、社会实践优秀奖学金等荣誉。

夏守月，女，中共党员，毕业于北京航空航天大学材料科学与工程学院，北京航空航天大学第二十二届研究生支教团山西中阳分队队员。

曾任校团委科技部半脱产学生干部、1601大班学习委员、材料学院学生会副主席、学生梦拓、学生发展服务中心助理等职务。本科期间前往新疆伊犁等地进行支教工作，积极参与各类学生工作与志愿实践活动，志愿北京平台认证时长900余小时。曾获北京航空航天大学优秀毕业生、优秀志愿者、十佳志愿者、优秀学生干部、志愿公益奖学金、社会工作优秀奖学金、社会实践优秀奖学金等荣誉。

## 西藏山南分队

李浩源，女，共青团员，毕业于北京航空航天大学新媒体艺术与设计学院，北京航空航天大学第二十二届研究生支教团西藏山南分队队长。

本科期间曾任职于校团委志愿者工作部、新媒体艺术与设计学院学生会宣传部等。积极参与到当地多个支教类志愿项目中，并前往山西中阳、云南昭通等地进行支教活动。曾获北京航空航天大学优秀毕业生、优秀志愿者、十佳志愿者、慈弘慈善基金会"创可乐"项目年度优秀志愿者、北京航空航天大学学习优秀奖学金、志愿公益奖学金等荣誉。

杨晓龙，男，中共预备党员，毕业于北京航空航天大学空间与环境学院，北京航空航天大学第二十二届研究生支教团西藏山南分队队员。

曾任校团委组织部干事、空间与环境学院组织部部长等职务。曾赴云南省参与少数民族语言文字发展状况调查的社会实践，参与中国城市水生态与水环境大会的志愿服务工作并获得优秀志愿者称号。本科期间曾获得国家励志奖学金、北京航空航天大学优秀毕业生、优秀团员、学习优秀奖学金、本科校级优秀毕业论文等荣誉。

## 新疆吉木萨尔分队

冯琨，男，中共党员，毕业于北京航空航天大学人文社会科学学院行政管理专业，北京航空航天大学第二十二届研究生支教团新疆吉木萨尔分队队长。

本科期间曾任人文学院2018级本科生辅导员、2016级大班长、学院本科生党支部宣传委员、分团委副书记助理、北航校学生会办公室执行部长、北航学生党校办公室主任等职务。获北京航空航天大学优秀毕业生、优秀学生干部、三好学生、优秀团员、校社会实践队二等奖等荣誉，并多次获得北京航空航天大学社会工作优秀奖学金、社会实践优秀奖学金等奖项。

刘依凡，女，中共党员，毕业于北京航空航天大学人文社会科学学院行政管理专业，北京航空航天大学第二十二届研究生支教团新疆吉木萨尔分队队员。

本科期间曾任校学生会实践部执行部长、人文社会科学学院学生会分团委副书记助理、学生党校导务部部长、2016级人文社会科学学院本科生党支部副书记、知行书院团支书等。曾参与"深圳梦寻"实践队，获校优秀实践队二等奖，获北京航空航天大学优秀毕业生、优秀学生干部、三好学生、社会工作优秀奖学金、社会实践优秀奖学金、研究生新生学业奖学金等奖项。

阿茹娜·叶尔肯，女，哈萨克族，毕业于北京航空航天大学经济管理学院金融工程专业，北京航空航天大学第二十二届研究生支教团新疆吉木萨尔分队队员。

本科期间曾担任校团委科技部干事、经济管理学院2016级大班长、北航广播台点歌台部长等职务。曾获得北京航空航天大学优秀毕业生、三好学生、十佳志愿者、"北航榜样——大学生年度人物：民族奋进之星"，获少数民族励志奋进奖学金特等奖两次、社会实践优秀奖学金一等奖及二等奖等荣誉。

彭泰膺，男，中共党员，毕业于北京航空航天大学自动化科学与电气工程学院，北京航空航天大学第二十二届研究生支教团新疆吉木萨尔分队队员。

曾任校团委宣传部副部长、自动化学院传媒工作室主编、1603党支部组织委员等职。本科期间参与多项实践活动，具备丰富的支教与志愿服务经历。疫情期间积极参与家乡社区疫情防控工作，获评爱馨奖学金。获评北京航空航天大学优秀毕业生、三好学生、暑期实践校优秀实践队等称号。先后多次获得社会工作优秀奖学金、社会实践优秀奖学金、学习优秀奖学金、2019年全国大学生电子设计竞赛国家二等奖等多项荣誉。

张钰琦，男，共青团员，毕业于北京航空航天大学计算机学院计算机科学与技术专业，北京航空航天大学第二十二届研究生支教团新疆吉木萨尔分队队员。

曾任校团委社团工作部部长、北京市学生联合会专委会委员、计算机学院160615小班团支书、校学生会权益部部长等职务。曾前往陕西梁家河支教，实践队荣获

"青年服务国家" 2018年度首都大中专学生暑期社会实践二等奖。本科期间曾经获得北京市优秀毕业生、北京航空航天大学优秀学生干部、优秀志愿者、优秀团员、社会工作优秀奖学金、志愿公益奖学金、社会实践优秀奖学金等荣誉。

## 新疆吉木乃分队

徐国辉，男，中共党员，毕业于北京航空航天大学新媒体艺术与设计学院，北京航空航天大学第二十二届研究生支教团新疆吉木乃分队队长。

2014年考入北京航空航天大学，2015—2017年服役于中国人民解放军陆军，期间曾获优秀义务兵、个人嘉奖等荣誉。本科期间曾任冯如党建工作坊宣传部副部长，并被评为"优秀学员""优秀学生干部"等，在校团委志愿者工作部、对外交流中心等部门挂职锻炼。多次参与暑期志愿实践、社会工作实践活动，先后在恩施新府传媒、北京首创证券等公司实习任职。获评北京航空航天大学优秀毕业生等荣誉。

王显菲，女，中共党员，毕业于北京航空航天大学法学院，北京航空航天大学第二十二届研究生支教团新疆吉木乃分队队员。

本科期间曾任校党委宣传部、校团委办公室、国际交流合作处学生干部，法学院162012班班长，赴韩国成均馆大学、俄罗斯圣彼得堡理工大学、墨西哥蒙特雷理工大学等境外高校交流访问，在出境交流中均担任学生负责人。本科期间共修291.5学分，获得经济学二学位，以专业第一的成绩保送攻读硕士研究生。多次参加暑期社会实践和寒假返乡实践，实践队多次获奖。在各项志愿服务中累计服务1111.5小时。曾获北京航空航天大学学习优秀奖学金、社会工作优秀奖学金、社会实践优秀奖学金、志愿公益奖学金等奖励，以及北京航空航天大学优秀毕业生、优秀学生干部、优秀团员、优秀志愿者等荣誉称号。

王姝钦，女，中共党员，毕业于北京航空航天大学数学科学学院信息安全专业，北京航空航天大学第二十二届研究生支教团新疆吉木乃分队队员。

曾任校团委宣传部副部长、数学科学学院学生会主席、校党校小班长、北航青年报社总美编等职务。曾前往河南兰考、北京昌平等地进行支教活动。曾获北京航空航天大学优秀毕业生、优秀团员、共青团系统十佳编辑、社会工作优秀奖学金、志愿公益奖学金等荣誉。

任永坤，男，中共党员，毕业于北京航空航天大学航空科学与工程学院，北京航空航天大学第二十二届研究生支教团新疆吉木乃分队队员。

曾任校团委文艺部学生干部，冯如书院工科实验班大班团支书、组织部部长、班级学习委员、心理委员、冯如党建工作坊大班长助理、第62期入党积极分子培训班小班长等职务。曾加入校学生会信息传媒部、北航蓝天志愿者协会礼仪队、北航科学技术协会项目部，担任微言航语微信公众平台执行编辑、北航国际交流合作处远航伙伴计划组长等。大学期间积极参与对外交流活动，热心志愿服务和社会实践。曾获北京航空航天大学优秀团干部、三好学生、优秀志愿者，学习优秀奖学金二等奖、三等奖，创新创业奖学金二等奖，志愿公益奖学金二等奖，第十二届全国大学生节能减排社会实践与科技竞赛三等奖，北京市大学生节能减排社会实践与科技竞赛特等奖等荣誉。

19年来，北京航空航天大学研究生支教团已成为学校青年学生参与社会实践的良好形式和思想政治教育的良好途径。他们将"奉献、友爱、互助、进步"的志愿服务精神同"德才兼备、知行合一"的校训以及"艰苦朴素、勤奋好学、全面发展、勇于创新"的校风充分结合起来，用实际行动践行"到西部去，到基层去，到祖国和人民最需要的地方去"的铮铮誓言，不断地向实践学习、向人民群众学习，力争用一年不长的时间，做一件终生难忘的事，激励着更多北航青年在祖国西部广阔的舞台上丰富阅历、磨炼意志、增长才干。

# 专属礼物 | 带着满满的祝福"出征"

## ——这一年，携梦想前行，载收获而归

2020年金秋9月，新学期即将上线，各地中小学将全面开学复课，北京航空航天大学第二十二届研究生支教团共20名志愿者即将前往五个服务地报到，开启未来一年的教师生活。在支教团"出征"之际，有一份神秘的礼物，带着北航的名字，将跨越山河送到各位小伙伴手中。据说有五款礼物？兼顾"高颜值"且超实用。

### 纪念证书

对于各位暂别学生时代、加入教师行列的志愿者而言，每一张精美的纪念证书，都见证了支教老师的身份转变。愿每一位支教团成员，能始终不忘志愿初心，发扬奉献精神，努力让青春在党和人民最需要的地方绽放绚丽之花。

■ 第二十二届研究生支教团纪念证书

### 特色文化衫

作为北京航空航天大学研究生支教团进一步打造文化创意品牌的产品，特色文化衫包括一件T恤和一件卫衣，外观设计搭配专属北航的"高颜值"图案，同时五个服务地对应五款文化衫，来看看其中有什么玄机吧。

■ 第二十二届研究生支教团特色文化衫及主图案

文化衫正面以"中国青年志愿者"标志搭配北航校徽校名，组合点缀在胸前，凸显研究生支教团身份。主体图案将航空航天科技等专业特色手绘融入学校英文简称"BUAA"中，背景为经典的北航蓝色，勾勒浩瀚宇宙线条，诠释"仰望星空，脚踏实地"的北航追求。

背面主体图案全部手绘完成，以各服务地省份（区）地图为轮廓，填充地标建筑、特产、风土人情等，寓意将志愿奉献精神融入祖国大地的志愿情怀。

巧夺天工的云冈石窟，奔腾咆哮的壶口瀑布，巍峨挺立的雁门雄关，深邃富丽的晋商大院，人说山西好风光！

山西省，位于中国华北地区。中阳县，隶属于山西省吕梁市，位于山西省西部、吕梁山脉中段西麓、黄河支流三川河上游的南川河流域。自2016年起成为北京航空航天大学研究生支教团定点服务县，累计派遣6批志愿者投身当地基础教育工作。

2018年8月8日，山西省人民政府批准中阳县退出贫困县。

*浩荡黄河，巍巍贺兰，承东启西，纵贯南北，塞上江南的独特风韵，古老丝绸之路焕发新的生机！*

宁夏回族自治区，位于中国西北内陆地区。泾源县，隶属固原市，位于宁夏最南端，处六盘山下，因泾河发源于此而得名。自2003年起成为北京航空航天大学研究生支教团定点服务县，累计派遣19批志愿者投身当地基础教育工作。

2019年，宁夏回族自治区人民政府正式同意泾源县退出贫困县序列。

*珠穆朗玛峰耸立云霄，雅鲁藏布江奔腾不息，布达拉宫蔚为壮观，酥茶油中充盈着吉祥如意，在这里，领略"世界屋脊"的神奇魅力！*

西藏自治区，位于中国西南地区。山南市，是西藏自治区下辖地级市，位于中国的西南边陲。常住人口中共有28个已识别的民族，是西藏古文明的发祥地之一，具有十分重要的战略意义。自2014年起成为北京航空航天大学研究生支教团定点服务县，累计派遣8批志愿者投身当地基础教育工作。

*雄浑壮丽的自然风光，绚丽多元的民族风情，一带一路的历史机遇，欣欣向荣的发展新篇，新疆，是个好地方！*

新疆维吾尔自治区，位于中国西北地区。吉木乃县位于新疆维吾尔自治区北部，准噶尔盆地北缘，萨吾尔山北麓，额尔齐斯河南岸，与哈萨克斯坦共和国接壤，边境线长141千米。由哈萨克族、汉族、维吾尔族、回族等22个民族组成。自2013年起成为北京航空航天大学研究生支教团定点服务县，累计派遣9批志愿者投身当地基础教育工作。

2018年10月，新疆维吾尔自治区人民政府同意吉木乃县退出贫困县。

*浩瀚的戈壁，葱郁的绿洲，逶迤的雪山，广袤的草原，体验浓郁*

的民族特色风情，感受悠远的丝绸古道文化！

新疆维吾尔自治区，位于中国西北地区。吉木萨尔县位于新疆维吾尔自治区天山北麓东端，准噶尔盆地东南缘。全县有汉族、回族、哈萨克族、维吾尔族、蒙古族等13个民族，其中少数民族人口占总人口的29%。自2013年起成为北京航空航天大学研究生支教团定点服务县，累计派遣9批志愿者投身当地基础教育工作。

## 笔记本套装

深蓝底色、烫金效果的笔记本礼品套装，内页是北京航空航天大学研究生支教团简介及各服务地专属手绘图案、第二十二届成员通联表，搭配镌刻北航校徽的签字笔，精致巧妙，饱含深情。

期待在教学工作和扶贫岗位上，各位志愿者与同行伙伴一起携手，创造新的精彩故事！

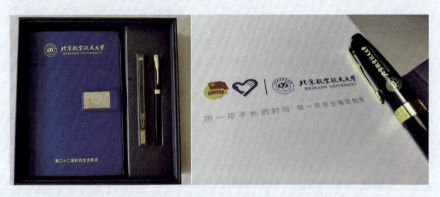

■ 第二十二届研究生支教团笔记本套装

## 纪念印章

纪念印章为每人独一无二的纪念，简约设计的水晶印章，附加北航logo专属定制的精致内雕，铭刻"德才兼备，知行合一"的校训和"第二十二届研究生支教团"的字样，希望这20个名字能在各个支教

岗位上留下新的足迹。

### 定制U盘

32G大容量U盘，简约美观，在配合志愿者日常教学工作的同时，可供记录支教生活的点点滴滴，装上满满一年的珍贵回忆。

■ 第二十二届研究生支教团纪念印章（左）定制U盘（右）

■ 第二十二届研究生支教团"出征"纪念品"全家福"

一份份遥寄的礼物，承载着期许和惦念。祝愿每一位研究生支教团志愿者能传承北航的精神底蕴，矢志空天报国、立德树人。同时，也愿他们满载浓浓的祝福和牵挂，一切顺利！

第二篇　主责耕耘

　　边远贫困农村和少数民族地区要发展，教育是关键。地区偏远、交通不便、师资匮乏、家庭教育观念相对落后、几百甚至几千名学生对知识迫切需求……这是大多数支教志愿者目睹的教育发展现状，东西部教育发展不平衡仍是当前存在的突出问题。

　　北京航空航天大学第二十二届研究生支教团20名志愿者整体任教山西中阳县第一中学、西藏山南市职业技术学校、宁夏泾源县新民中心小学、新疆吉木萨尔县第三小学、新疆吉木乃县初级中学、新疆吉木乃县直小学等6所学校30余个班级，年度授课超10000课时，负责语文、数学、英语等近十门课程，承担班主任、德育处、教务处等十余个行政岗位工作，覆盖小学、中学和中职各学年级。支教团充分吸收优质教学经验，循序渐进改进教学方法，探索引进优质教育理念，形成"学业、思政、心理"相结合的三维"教学+"模式，助力学生全面发展，取得全县第一、学区前五、年级第二、平均分提升20分等一系列教育教学优异成绩，6人次获评县级、校级优秀教师等称号。同时针对不同校情、学情，支教团在多个服务地组织专业规划、学习备考、励志成才等系列专题讲座近十场，覆盖学生近1500人。以实际行动为中西部地区教育均衡发展提供师资保障。

# 宁夏泾源：在乡村小学探寻温度与意义

从过去的普遍性辍学，到现在仍然存在的地区偏远、交通不便、师资匮乏、家庭教育观念相对落后……这是泾源县乡村学生受教育的现实困境。

■ 第二十二届研究生支教团宁夏泾源分队

## 常规课堂教学

第二十二届研究生支教团宁夏泾源分队服务于宁夏南部山区，任教固原市泾源县新民乡中心小学。

团队始终坚持发挥主观能动性，遵循以填补服务学校师资缺口为原则，充分满足不同地区特色、学校学情和年龄年级的教学需求，授课内容依据学校实际和义务教育课程标准动态调整。2020—2021年度研究生支教团6名成员针对服务地新民中心小学教学师资实际缺口，分别承担二至六年级语文、英语、科学、信息技术等多门课程，并承担班主任、教务处助理等事务工作，合计周授课超90课时。

对于学业基础类课程，研究生支教团成员从现场听课到网络直播课，充分吸收优质教学经验，循序渐进改进教学方法。为提高教学成绩与效果，分别针对教学班级具体特点讨论管理班级和学生的方法，形成了"培优·辅困"、课下"一对一"补习、发放奖品奖状、签约奖励等特色教学方法，在多次县、乡及校级考试中取得优异成绩，在支教扶智的使命上交出满意答卷。

**张晓磊**
六年级(3)班语文
周17课时（含自习）

**刘露露**
五至六年级科学
周12课时

**石 一**
三至五年级音乐
周10课时
2021：三至六年级信息

**靳树梁**
五年级(1)班语文
周17课时（含自习）
2021：班主任工作

**马文清**
三至六年级信息
周8课时
2021：二年级语文

**王云帆**
五至六年级英语
周12课时

■ 2020—2021年度成员任教情况

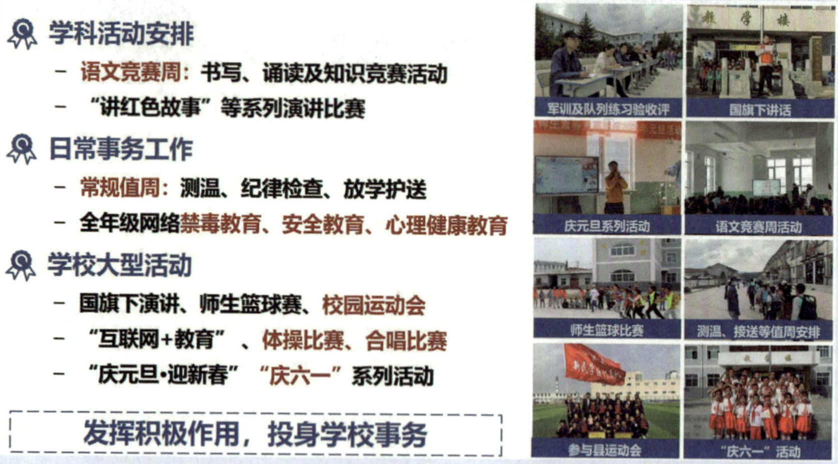

🏅 **学科活动安排**
- **语文竞赛周**：书写、诵读及知识竞赛活动
- **"讲红色故事"** 等系列演讲比赛

🏅 **日常事务工作**
- **常规值周**：测温、纪律检查、放学护送
- **全年级网络**禁毒教育、安全教育、心理健康教育

🏅 **学校大型活动**
- **国旗下演讲、师生篮球赛、校园运动会**
- **"互联网+教育"、体操比赛、合唱比赛**
- **"庆元旦·迎新春""庆六一"** 系列活动

**发挥积极作用，投身学校事务**

（图中文字：军训及队列练习验收评 · 国旗下讲话 · 庆元旦系列活动 · 语文竞赛周活动 · 师生篮球比赛 · 测温、接送等值周安排 · 参与县运动会 · "庆六一"活动）

■ 2020—2021年度参与学校事务情况

对于素质综合类课程，研究生支教团成员发挥"乡村少年宫"引

领和枢纽作用，承担学校音体美及综合实践类课程的同时，开办相关系列课外兴趣班，丰富学生知识，开阔学生视野。

教学以外，研究生支教团发挥主观能动性，投身学校事务工作，不仅参与学科活动，同时参与常规值周，承担禁毒、安全、心理健康教育，参与组织师生篮球赛、校园运动会、体操比赛、合唱比赛、"庆元旦""庆六一"等系列活动。

## 专题教研工作

研究生支教团成员参加学校集体教研，参与各教研组公开课讲评、学科活动、教学培训等系列工作，参加各级教学技能水平大赛，同时紧密结合新时代教育改革各项目标，参与"课程思政""互联网+教育""劳动教育"等专题教研学习。

学科教研。研究生支教团成员牢固担负好新手教师使命，积极参与学校和学科组各项教研活动，包括公开课、校本研讨、试卷命题、专题学习及各类学生学科大型活动。组织开展技能培训和水平比赛，通过备课、研课、说课、磨课体系，提高教学本领，针对教学班级学生特点讨论班级和学生管理方法，引进首都优质教学理念和管理风格，逐步形成成熟的教学体系。

■ 参与公开课讲评、培训学习等

专题教研。面向课程改革、高效课堂、信息化教育等趋势，针对多项深刻命题，研究生支教团成员充分发挥科研特长，在多个课题的思路确立、研究方法选择、论文撰写方面完成了大量的工作。2020—2021年度深入参与县乡各级"思政课程"和"课程思政"协同育人、"互联网+教育"等专题学习和研讨，研究生支教团牵头开展校园思政和德育教学文化月系列活动，受到固原市教育体育局等关注，参与县级劳动教育课例优质课评比活动，获县级二等奖等荣誉。

■ 参与系列公开课讲评、培训学习等

### 三维教学模式

第二十二届研究生支教团宁夏泾源分队不断追求立德树人，形成三维综合的"教学+"思路。在课堂教学、实践教学、网络教学和日常生活教学等方面相互融合，进而提升教学思政性的整体效果。课堂教学上，正确把握好政治性和思想性之间的关系，师生互动、内外互动。支教团既传授课程知识，又注意通过主题班会、队会和校园文化活动等进行思政教育，及时关注和引导学生心理成长问题，将思想政治工作的"盐"在中小学厚植和播撒。

■ 三维教学模式

## 优质教学成效

第二十二届研究生支教团宁夏泾源分队坚持"教育教学是主责，志愿扶贫是追求"的原则，始终将教育教学放到第一位。团队成员一步一步站稳讲台、胜任讲台，一点一滴地摸索、积累适合当地学生的教学方式和教学经验。支教队员们不仅充分填补了当地短缺的师资力量，而且取得了不错的教学成果。

### 1. 教学成绩名列前茅

以2020—2021年度为例。支教团成员承担语文、数学、英语、科学、道德与法治、信息技术等课程教学任务，教学班级覆盖学校二至六年级所有班级，同时成员全部担任班主任、少先队辅导员、教务处助理等学生管理职务，每人每周课时在15学时以上，全学年累计超过3200课时教学任务，教学覆盖近400名山区学子。以期中考试为例。成员马文清教授的二年级语文成绩达学区前五；成员靳树梁教授的五（1）班语文成绩全校第一，成绩平均分达到75分，及格率超过80%，优秀率达23.16%。

### 2. 教学方法丰富多彩

支教团成员积极参加学校教研组组织的教研活动，虚心向服务地经验丰富的教师求教，同时认真分析学情，反复研读教材，潜心设计、书写单元教案和课时教案，备好每一节课。在上课过程中，根据学生的课堂反馈，不断摸索和提升教学水平。课下做到有发必收、有收必批、有批必评、有评必改，在认真批改作业和命制考试试题中检验教学成果，以发现存在的问题。

### 3. 教学改革亮点纷呈

支教团坚持"育人为本，德育为先"，力图使学生学会健体、学会做人、学会求知。促进学生全面发展，提高学生勇于探索的创新精神和善于解决问题的实践能力，培养学生服务国家、服务人民的社会责任感。针对服务地学校学生的特点，教学岗的支教团成员将德育工作引入课堂，创新教学模式与方法，运用实景视频、实际案例等措施激发学生兴趣，把教学与教育有机地结合起来，在潜移默化中帮助学生树立正确的世界观、人生观和价值观，实现"润物细无声"的效果。

2021年8月25日，中共固原市委机关报《固原日报》第3版报道了北京航空航天大学第二十二届研究生支教团在泾源县的支教事迹。

■ 成员获学区"优秀教师"

## 泾源支教这一年

泾源县每年都会迎来一批来自北京的支教老师——北京航空航天大学研究生支教团。从2003年开始至今，已持续了18年。一批又一批满怀青春热血的年轻人带着对山区孩子的爱，来到大山深处，为孩子们教授知识，开阔孩子们的视野。这段满载收获的经历弥足珍贵，支教团的每个成员都有独特的体验，这份跨越1000多公里的情谊让他们终生难忘：

早上要离开的时候，几十个孩子出现在我们眼前，拿着亲手制作的礼物，一定要送我们离开。他们是那么真实，那么可爱。

2021年8月25日 星期三

责任编辑 张艺菲
编 辑 樊承凤 版式 陈春
电子邮箱：fengfeng0129@163.com

综 合

固原日报 3

第二篇 主责耕耘

泾源县每年都会迎来一批来自北京的支教老师——北京航空航天大学研究生支教团。从2003年开始至今，已持续了18年。一批又一批青春热血的年轻人怀着对山区孩子的爱，来到大山深处，为孩子们教授知识，开拓孩子们的视野。这段满载收获的经历弥足珍贵，支教团的每个成员都有不一样的体验。这份跨越1000多公里的情谊让他们终生难忘——

# 泾源支教这一年

本报通讯员 张巍磊 李汶倩

市社保中心提升便民利民服务水平

本报讯（记者 曹 磊马涛罗艺菲 李佳欢 罗志虎）

## 图说 新闻

8月23日原州区消防支队在泾源嘉福苑小区开展宣传活动，消防人员为群众现场演示灭火器的使用、逃生、用水的使用方法……

本报记者 马涛 摄

8月20日，隆德县多种多样的蔬菜陆续成熟，工人在蔬菜种植基地采摘、加工、冷链储藏，销售一条龙……

本报记者 郑 磊 实习生 锁向前 周熙宁 摄

近日泾州区综合执法局在单巷集贸市场机动车停放区，一里停车位235个，电子充电桩设施也将建设……

本报实习生 杨楠楠 记者 张 繁 摄

彭阳法院打造立案执行"双优窗口"

本报讯（通讯员 张卫宁）

泾源交通运输执法大队错时检查打击非法营运

本报讯（记者 许 蕾 张利明）

# 李红：用法律守护人民美好生活

本报实习生 杨楠楠 记者 何 茸

全区收法系统"百名先进典型"
固原政法干警风采

# 共商 共建 共享

*当孩子们抢过我们的行李箱放上车的那一刻，我忍了好久的泪水终于绷不住了，和孩子们一一拥抱后，我赶紧坐到车的后排，怕他们看见我哭……*

这是支教团成员在随笔中写下的一段话。今年夏天，在泾源县新民中心小学结束支教服务的成员与孩子们依依惜别，他们难以忘记和孩子们朝夕相处的一幕幕。

### 1. 这一年，我们肩负使命，务实教育教学主责

"老师，我们这个月已经换了三个语文老师了！不会再换了吧？"支教的第一堂课上，学生的这句话让支教老师沉思了很久。他们深刻认识到教育发展尚不平衡的问题，努力改变现状成为激励他们的精神动力。

支教团针对新民中心小学师资缺口，分别执教二至六年级语文、英语、科学、信息技术等多门课程，并承担班主任、教务处助理等工作。从"新手教师"到"课堂达人"，支教团充分利用先进教学经验，引进优质育人理念，形成了培优辅困、签约奖励、专题辅导等特色教学方法。全学年授课累计超过3200课时，教学覆盖近400名山区孩子。课程成绩平均分达到75分，及格率超过80%，优秀率达23.16%。三名成员获评学区优秀教师称号，所在班级多次在县乡及校级考试中取得优异成绩，"互联网+""课程思政"等教研成果获县级二等奖，在支教扶智中上交出满意答卷。

### 2. 这一年，我们积极作为，打造第二课堂品牌

手工制作、趣味比赛、特色游戏……在新民中心小学，支教老师组织的丰富多彩的活动是孩子们最期待的。在第二课堂实践中，支教团成员将创意元素带给孩子们，让他们接受生动新奇的知识。

"支教团在这里最可贵的价值和意义，是对学生视野的开阔。"这是学校对支教老师的评价。支教团不仅全面参与校园文化体育活动，还发挥专业素养优势，开展系列课外实践活动，组建泾源县首支

小学生国旗护卫队，开展专题党课、手工模型、演讲比赛等主题活动；发起航空航天兴趣周活动，从课上学知识，到亲手做航模、"发火箭"，在孩子们心中传承科学精神；举行航空航天趣味运动会，将素质拓展和体育文化课有机结合……近十场校园文化活动，"航味儿"的课外实践成为支教团在学校师生中的一张闪亮名片。

### 3. 这一年，我们心怀热爱，搭建资源帮扶桥梁

2021年年初，一批从北京寄来的礼物占满了学校的储藏间，篮球、书包、课外书、玩具……这是北航师生为新民中心小学200多名贫困及优秀学生寄来的新年礼物。今年4月，上千册崭新的图书被分类打包进入每一个班级，温暖而纯真的祝福跨越千里，陪伴孩子们茁壮成长。

支教团广泛联络政府部门、企业、校友、社会组织等，发起"你的心愿我来圆"活动，达成新年心愿200余份；联络社会公益基金会开展"慈弘·悦读成长计划"，无偿资助每一个班级建设图书角；携手北航校内师生及五个学生社团组织，打造乡村教育教学帮扶平台；拉动"七彩假期""青年志愿者助力乡村学校少年宫"及北航专项公益奖学金等数万元，牵引教育资源、物质支持和人文关怀，让孩子们享受到更好的教育资源和来自社会各界的关怀。

### 4. 这一年，我们创新担当，开拓实践育人平台

"我将来想考上理想的大学""我最崇拜我的语文老师""我想成为和老师一样的人"……越来越多的孩子在作文中写下对支教老师的喜爱，用稚嫩的笔触将北航与泾源之间这座桥梁描绘得更加多彩且坚实。

为进一步推进校地合作、发挥青年作用，今年北航在泾源县挂牌设立"大学生社会实践基地"，充分总结十余年的帮扶经验，吸引更多北航青年前往泾源县，围绕革命事迹、教育调研、乡村振兴、创新创业、首都研学等领域，实现志愿奉献和创新实践的长足发展。

一年的故事，一生的感悟。在新民中心小学有一间特殊的展览室，陈列着历届北航研究生支教团在这里的工作事迹、感人故事和点

滴生活，留存着每一届扎根宁夏、志愿奉献的青年学子最真挚的回忆，他们共同见证着泾源县教育事业的变化，共同托举起孩子们心中一个个纯真美好的梦想。

此刻，新一届研究生支教团已经启航出征，向着"有温度、有意义"的目标，投身巩固脱贫攻坚、助力乡村振兴的伟大事业，第19年的故事，正在接力书写……

■ 支教团与服务地学生合影

# 西藏山南："海拔高，境界更高"

2020年8月28—29日，中央第七次西藏工作座谈会在北京召开。习近平总书记在讲话中强调："广大干部特别是西藏干部要发扬'老西藏精神'，缺氧不缺精神、艰苦不怕吃苦、海拔高境界更高，在工作中不断增强责任感、使命感，增强能力、锤炼作风。"

■第二十二届研究生支教团西藏山南分队

### 基础教学工作

作为研究生支教团的一员，最重要的任务之一就是教学。西藏山南分队服务于西藏山南市职业技术学校，担任主要课程的教学工作，同时任职校团委行政工作。

李浩源在第一、二学期均负责2020级3个班级的语文教学工作，每周正课12节。

杨晓龙在第一学期负责复读一年制2个班级的数学教学工作，每周正课6节；在第二学期负责2个班级的数学课及3个班级的劳动课教学工作，每周正课9节。除此之外，成员积极配合学校的工作调配，填补课程人手空缺。

■ 成员授课情况

西藏山南分队本着"扶贫先扶智，扶智先扶志"的思想，始终把传授知识、培养志向、引领思想放在首位，把授课放在第一优先级。面对孩子们基础水平参差不齐、纪律情况差异较大的状况，分队成员会根据不同基础的班级更改教学侧重点，更改教案内容，以不同的方式教学。

每次课前，成员都会精心地手写课程设计教案，从目标、重难点、教学方法、教学过程和板书等多个方面策划一节课程，并根据课堂的需求进行资料的搜集和课件的制作。完成前期准备工作后，要用心、专心地授课，通过和学生的交流联结，共同营造一节生动有趣有所收获的课堂。课后，成员通过批改作业可以直观地感受学生们的知识掌握情况，这有助于调节下节课的授课重心并复习重难点。结束了一堂授课，收到的反馈肯定有好也有不好，成员会根据自己实际的课堂效果和学生们的反映，调节课堂授课内容和课堂节奏等，尽可能促进后续课堂效果提升。

## 学校事务工作

支教团成员在校团委工作中积极配合科室负责人，高效完成团委所分配的任务并提出促进工作良好进行的合理意见与建议。

杨晓龙承担智慧团建管理平台工作，为学校创建并完善了教师团支部、团员积分制度，完成新发展团员智慧团建档案完善、毕业年级团关系转出及青年大学习情况统计等工作。

李浩源担任摄影社指导老师，配合学校的美育教育要求，为孩子们普及一些摄影摄像、构图取景、艺术审美和后期制作等方面的知识和技巧。在学校宣传工作方面，成员根据学校相关活动的需求，参与活动简报起草、活动背板设计及展示视频的拍摄和制作等工作，同时配合学校团委的思想教育工作需求，进行H5页面动态宣传展示及一些活动相关PPT的制作等。在学生主题教育方面，成员主要以配合学校团委思想教育为主，参与部分主题教育的策划、具体实施与简报撰写等工作，同时也发起"法律知识普及讲座暨赠书活动"的主题教育。

■ 学生主题教育开展情况

（1）校团委团务工作：青年大学习、团员发展、团员录入、智慧团建系统管理、"三会两制一课"等。

（2）学校各项活动工作：活动策划、宣传设计、活动组织与实施等材料的撰写，修改与整理工作制度文件及表格、活动简报、每周校园广播稿、团委工作计划、社团活动开展计划、校第一党支部材料、学生及教师党史学习教育材料等。

（3）其他工作：李浩源于2020—2021学年担任摄影社团指导老师；杨晓龙于2021年3月任2020级学前精准班代理班主任，2021年5月21日前往学校驻村点考察并协助开展党史学习教育。

除了学校的相关工作外，团队成员在当地团市委组织的志愿服务活动中也积极参与、全身心投入，累计参与社区类、文艺类、宣传类、支教类志愿活动十余项，为当地的志愿服务工作增添一份力量。

## 校际联合活动

支教团成员积极借助北航等优质资源，为孩子们带来别开生面的主题团课。

（1）由北航法学院2019级研究生党支部组织开展的"纸短情长、心系西藏"书信活动，以两届北航山南研支团的成员为联系，架起北航法学院2019级研究生党支部部分成员与山南市职业技术学校学生团员沟通的桥梁。

活动不仅包括大学生活主题团课，同时还通过书信往来建立北航研究生和职校学生之间的联系，维持多月书信往来，并赠送参与活动的同学新年小礼物及书籍等小礼品。最后，由支教老师将北航法学院研究生党支部所赠的字典和书籍分配给山南职业技术学校的学子们。

（2）由山南职校团委指导，北航法学院民法典学生宣讲团协助，北航第二十二届研究生支教团组织开展了北航—山职校际共建——法律知识普及讲座活动。

本次法律知识普及主要以《中华人民共和国民法典》内容为主，

该部法律被称为"社会生活的百科全书"。这场法律知识普及讲座，改变了传统普法模式，将晦涩的法律知识与实际生活结合起来，让同学们趣味学法、在案例中懂法、在生活中用法。让同学们受益的同时，再一次表露了北航研究生支教团"支教扶贫"的初衷和决心。

■ 北航—山职校际共建——法律知识普及讲座暨"纸短情长、心系西藏"赠书活动

（3）北航研究生支教团西藏山南分队联合中南民族大学研究生支教团共同参观了山南市博物馆，队员们参观学习了山南发展的历史和党的建设，获益匪浅。

■ 支教团联合参观山南市博物馆

（4）北航研究生支教团西藏山南分队赴乃中区中学，联合中南民族大学和清华大学研究生支教团给乃东区中学即将迎接中考的初三同学们展开了一场别开生面的考前动员会。北航支教团成员李浩源以

■ 支教团联合开展经验分享活动

 第二篇 主责耕耘

"乘风破浪，行稳致远"为主题，据日常学习积累、应试方法技巧、考前心态调节、"致青春、致未来"等方面分享了经验。

晓龙、浩源：

再过一个月你们就要离开学校、离开西藏，开始新的成长道路，衷心祝愿你们前程似锦，事业顺心，家人幸福！

时间过得真快，一年前迎接你们的场景犹在眼前。一年来，你们在学校热情地工作、教学，配合我们团委完成了各项工作，也热心地帮助其他老师，你们的工作态度得到了大家的一致好评。我非常欣慰，也非常感谢你们来到这么艰苦的环境支教，你们从不抱怨，以良好的心态完成支教工作。有照顾不到的地方希望你们多担待，也希望你们以后有机会可以回来看看，我们可是把你们当自己家人了。

你们的离开意味着我们将迎来新的成员，愿我们两所学校友谊长存。最后，道声"扎西德勒"！

山南市职业技术学校
校团委 刘立

■ 离别支教学校寄语

# 新疆吉木萨尔：打造天山下的支教品牌

扎根西部教育，绽放青春的格桑。

■ 第二十二届研究生支教团新疆吉木萨尔分队

↗ **冯 琨**
↗ 人文社会科学学院

教授10个班次语文、道法、信息技术课程；
于校党建办协助学校党建相关工作。

↗ **刘依凡**
↗ 人文社会科学学院

共教授9个班次语文、科学课程；
参与党史学习教育项目工作组。

↗ **彭泰鹰**
↗ 自动化科学与电气工程学院

教授五年级 (3) (6) 班语文课；
于德育处协助校宣传工作。

↗ **张钰琦**
↗ 计算机学院

教授六年级 (5) 班数学，3个班级信息技术；
承担副班主任工作。

↗ **阿茹娜·叶尔肯**
↗ 经济管理学院

共教授7个班语文、道法、音乐课；
于德育处协助校宣传工作。

■ 成员任教情况

## 团队教育教学实践

团队教学中，支教团根据学生的认知特点因势利导，通过正激励提高学生对学习的热爱程度，一年的支教时光取得了显著的效果。支教地吉木萨尔县教学竞争意识非常强，虽说是小学教育阶段，但用冲锋陷阵来形容毫不夸张。三小将班级按照一、二年级平均成绩划分为A、B、C三层，1、2班为A层，3、4班为B层，5、6、7班为C层，不同层次的学生学习成绩上有一定差异。团队成员认真考察了支教地的教学情况，立即转变身份，努力适应当地的分层的教学情况。教学工作正式开始前，队员们扎实备课，从现场听课到网络直播，充分吸收先进且适用的教学方法，定期召开团队内部研讨会，积极交流探讨教学的经验与启发。

为提高教学成绩与效果，对于不同层次的班级，支教团制定了不同的教学目标、班级管理措施以及学生教育方法等。B层班级主要按照适度教学进度进行教授，并且设置了奖励机制，鼓励大家向A层靠拢；A层班级在基础教学任务之外主要侧重于能力拔高；C层班级更多侧重于打牢基础，并且减少部分同学的厌学心理，培养孩子的学习自主性。为此成员制定了三种不同的教学管理方案，生怕辜负了这群可爱的孩子。在普通话教学上，力求让普通话基础好的学生学得通透，让普通话基础薄弱甚至在四、五年级连拼音都不会的学生补牢基础，让不同水平的学生都能有所提高。

团队成员努力贴合小学阶段儿童的心理特点，拉近与孩子的心理距离，从而引导孩子敞开心扉，逐步建立对于学习的热爱。成员分别采取"培优·辅困"、课下"一对一"补习等方式，并采取发放奖品奖状、签订约定、为学生实现小梦想等奖励机制，类似于"军令状"的形式，提升学生学习积极性，激发他们渴望学习、向往知识的内在动力，取得了良好的效果。孩子们也非常乐于和队员们相处，对学习的抵触心理减少，在与老师的相处中喜欢上了学习。学期结束，团队

的教学效果显著：A、B层班，教学成绩达到全县第一名、年级第二、全县前八；C层班，班级语文成绩平均分提升20分、及格率提高15%，培优扶困对象平均成绩提升15分。

■ 团队成员为进步的学生发放奖励

■ 团队成员获县级教学奖励

## 协助学校建立青年教师帮扶体系

吉木萨尔县第三小学高度重视青年教师的帮扶工作，政治上主动引导，专业上着力培养，生活上热情关心，给予青年教师锻炼、成长的平台。

支教团帮助当地学校搭建了青年教师帮扶体系，通过这一体系能够充分发挥出老教师在教学、为人方面对新教师的指导作用；通过这一机制，让老教师从备课、上课、课后总结、作业批改、作业讲评等诸多环节，实现对青年教师的"一对一"指导。

团队共同参与青年教师集体备课环节，和青年教师交流教学计划与教学心得。团队成员向当地老师悉心求教，当地的老师也给予非常充分的指导，让支教成员更好地融入当地环境。同时，支教团积极参与支教地的教师党、团组织活动中，加强思想政治教育，有助于他们坚定教书育人、传播希望的崇高信念。

■ 团队成员与当地教师共同备课教研

## 家访帮扶，课外学业帮扶

支教团通过家访的方式，更加客观地了解了学生的家庭情况，对课堂之外的孩子建立了更加全面的了解，大部分孩子家庭条件并不优越，有的还比较困难。通过家访了解到这些情况后，支教团采取了特定的帮扶措施。

团队成员冯琨关注到了一位所教班级四（7）班的回族学生，她叫马童欣。

马童欣在班级里永远都是第一，早上第一个来到教室，端端正正坐好开始读书复习，下课也经常跑到办公室来找老师提问，对各类知识求知欲很强。"老师北京很大吗？老师你能借我一本书看吗？"这是马童欣第一次向支教团提出的问题，却让大家记忆犹新。从她用旧了的文具和穿旧了却依然干净整洁的衣服鞋子，不难看出她家庭困难。

为了力所能及地解决她在学习生活上的问题，团队成员特地到马童欣家中家访。家访过程中进一步了解到，她一家五口主要依靠父亲打工养家，家庭年收入不到3万元。姐姐成绩优异考入内高班在宁波读书，弟弟在县三小一年级就读，父母虽然文化水平有限但特别注重子女教育。家访过程中可以看到马童欣和弟弟主动帮家里分担家务，洗碗、扫地、洗衣服，每天马童欣也会去辅导弟弟的功课。不难看出孩子勤俭、懂事，品学兼优。

支教团会定期在孩子课外书上给予帮助，赠送课外读物助其成长，并与家长形成长期沟通联络关系，在学习和孩子成才方面持续助力。

■ 团队成员家访

同时，团队一直将课业看作支教中的重中之重，在课业帮扶上下了不少功夫。

受疫情影响，五名成员晚于开学时间到达。为了追赶课程进度，他们充分利用课间和晚自习的时间加课补课，夜晚挑灯备课批改作业，保证了学生的正常学习进度。

在经过初期教学成果测试后，发现学生在语文拼音、数学公式、英语音标等基础内容上掌握薄弱，成员针对这些薄弱环节，分别制定"培优·辅困"计划进行分层教学。通过一年的时间打破成绩壁垒，使基础较差的少数民族同学能够通过普通话教学了解和发现广阔世界。

队员们牺牲了许多个人时间，给部分学生补课。有的队员放学后辅导留守儿童功课，有的趁课间午休给后进生组织辅导。

在支教的班级中，娜菲沙和穆尼莎在学习上一直存在困难。支教团成员了解得知孩子的父母平日工作很忙，平时晚上10时许才能回家，而且文化水平不是很高，没有能力辅导两个孩子学习。父母对两个孩子的学习成绩非常惋惜，但是无奈没有能力。孩子的普通话水平不高，平时交流沟通也存在困难，因此影响两个孩子的学习效果。了解到他们的家庭情况后，队员阿茹娜坚持帮扶娜菲沙和穆尼莎一个学期。每天放了学就让两个孩子留在学校写作业，孩子哪里不懂就给补哪里。经过一学期的帮扶，两人平均分提高30多分，从不及格考到了80多分。孩子们为自己的进步感到非常快乐，更重要的是通过进步也培养了孩子们的自信心。

■ 团队成员帮助学生课后辅导

# 新疆吉木乃：求真务实，服务边疆

吉木乃县位于祖国的西北边陲，新疆北部的阿勒泰地区，与哈萨克斯坦接壤，全县人口3万多，由汉族、哈萨克族、维吾尔族、回族等23个民族组成，其中哈萨克族占比64%，人数最多。

■ 第二十二届研究生支教团新疆吉木乃分队

## 教育教学工作

新疆吉木乃分团共4人，分别服务于吉木乃县初级中学和吉木乃县直小学。

### 1. 吉木乃县直小学基本情况

教学班：6个年级共34个班，在校学生1200余名。

师资概况：授课教师90多名（临聘、援疆、志愿者、交流、特岗、实习生），构成复杂，流动性强。

学生概况：学生80%为哈萨克族，1/3为留守或寄养，教育观念落后，学生流动性强。

### 2. 吉木乃县初级中学基本情况

教学班：3个年级共27个班，在校学生1100余名。

师资概况：授课教师约80人，年轻教师少、构成复杂且流动性强。

学生概况：90%为哈萨克族，家庭不重视学生学习；50%为留守或寄养，学生基础差，平均分在30～40分。

■ 团队成员工作情况

新疆吉木乃分团各成员工作情况概述如下：

### 1. 徐国辉服务于吉木乃县直小学

第一学期：教授一年级六班数学，担任学校信息化工作助理、教务处助理。每周12课时左右，期末考试平均分91分。

第二学期：教授一年级三班、六班数学，担任教务处助理。每周20课时左右，期末考试一年级三班平均分89分，一年级六班平均分90分。

行政方面主要负责学校远程信息化教学设备调试与维护，教务处各项事务处理、代课统计及相关推送运维。

### 2. 王显菲服务于吉木乃县直小学

第一学期：教授五年级五班语文、书法、传统文化、自习、早读课。每周16节课左右。期末考试平均分较学期第一次考试进步20余分。班级学生沙巴哈提代表阿勒泰地区参评新疆维吾尔自治区"新时代好少年"评选。班级学生获得吉木乃县直小学足球比赛第一名，手抄报比赛一、二、三等奖，语文知识竞赛一、二等奖，等等。

第二学期：教授一年级一班语文、书法、传统文化、自习、早读课。每周19节课左右。期中考试及格率位列年级第一。期末考试班级平均成绩位列年级第一，年级前五有四位在本班。班级学生在阿勒泰地区篮球比赛中取得第一名，获得吉木乃县直小学手抄报比赛一、二、三等奖，书法比赛一、二、三等奖，口算比赛一、二、三等奖，等等。

在特色教学教研方面，运用好未来培训、教研组及年级组研讨等，取得显著成效。

在行政方面，第一学期担任五年级五班班主任，第二学期担任一年级一班班主任。

### 3. 任永坤服务于吉木乃县初级中学

教课七年级英语课程，取得平均分、及格率、优秀率等始终位于吉木乃县初级中学双语班前两名的好成绩。开展班级及整个年级的培优教学工作，成效较好，同时对班级内部学生分层次教学、针对性辅导，因材施教，形成特色教学方法。

在行政工作方面，担任教务处助理。

### 4. 王姝钦服务于吉木乃县初级中学

两学期负责八年级一班、三班的数学教学工作。每周14课时左右。平均分从七年级结束时与前一名相差15分缩小至2.5分，学生曾获得单科成绩年级第二。为学生制定特色奖励，自费购买奖品；每周定期参加数学教研组的教研活动；配合好未来教育培优辅差；积极参与听课，并精心撰写听课记录等特色教学教研方法。

在行政工作上，担任学校党建办公室助理，负责学校各类信息的撰写、审核与报送，修改并汇编学校学期与年度工作计划，对接校园文化宣传材料的制作，管理红色思想教育基地与校史馆、培训解说员等工作。

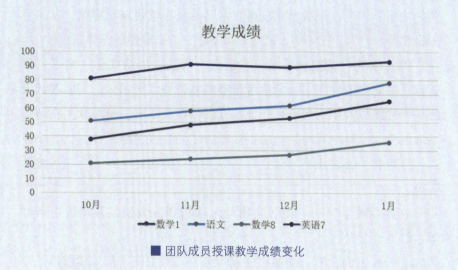

■ 团队成员授课教学成绩变化

### 开展特色活动

第二十二届研究生支教团新疆吉木乃分队4名成员在两所服务学校举办多场专题讲座，如面向吉木乃县直小学全校师生开展预防未成年人

■ 团队成员举办专题讲座

犯罪讲座、面向吉木乃初级中学各年级各班学生代表组织学习方法介绍及展望大学生活讲座、面向吉木乃高级中学高一高二年级全体学生进行学习方法介绍及展望大学生活讲座等，受到当地师生一致好评。

团队积极参加吉木乃县团委组织的培训、学习及吉木乃县直小学的各类党建活动，开展普法教育讲座、党史学习教育等校外工作实践，参加痛仰乐队发起的"乡村医生计划"，为吉木乃乡村医生捐赠药品，投身当地多项志愿服务活动等。

■ 服务地中小学生合影

# 山西中阳：搭建教育扶贫的希望桥梁

2021年2月25日上午，全国脱贫攻坚总结表彰大会在北京人民大会堂隆重举行。中共中央总书记、国家主席、中央军委主席习近平向全国脱贫攻坚楷模荣誉称号获得者颁奖并发表重要讲话。大会还对全国脱贫攻坚先进个人、先进集体进行表彰。

北京航空航天大学扶贫工作办公室荣获全国脱贫攻坚先进集体。

自2015年12月起，北京航空航天大学定点帮扶山西省吕梁市中阳县。持续5年的接力攻坚，真情跨越700公里，扶贫，是北航人永远的坚定承诺！"扶贫先扶志，扶贫必扶智。"

■ 第二十二届研究生支教团山西中阳分队

第二十二届研究生支教团山西中阳分队一方面牢牢树立"育人为本，以德为先"的教育理念，用"真心""诚心""决心"三心投入支教扶贫工作中，结合自身专业知识与志愿服务经历切实为支教服务单位带去新活力、新成绩；另一方面充分发挥资源优势，开阔学生视野，

以寓教于乐为切入点，强化师生间凝聚力，打造多元学习环境，进而激发学生学习的内生动力。

## 脚踏实地，突出优质教学重点

### 1. 良好的教师形象

习近平总书记寄语广大教师，教育是一门"仁而爱人"的事业，要求全国广大教师做"有理想信念、有道德情操、有扎实学识、有仁爱之心"的"四有"好老师。

作为支教老师，中阳分团成员自开始支教工作以来一直对学生以赤诚仁爱之真心，带头弘扬社会主义道德和中华民族传统美德，以自身的行为影响、带动学生与身边教师。

"内正其心，外正其容"，作为一名合格的教师，首先要培养良好的教师品德，同时也要树立良好的教师形象，规范自身教学行为。

### 2. 踏实的教育工作

任教详情：作为第一批在中阳县任职高中教师的支教团队，队员们充分利用、发挥自身优势，积极主动承担服务单位中阳一中高一年级C部理科老师的空缺岗位，缓解学校任教压力，三人分别任教数学、物理、化学科目，并且承担学校科技社团、礼仪社团指导老师工作，合计周授课时长达66课时。

■ 成员任教情况

教研任务：培养团队的反思意识和反思能力，注重教研工作的开展。支教团根据文理分类、科目分类、班级分类分别进行教学经验学习交流探讨，及时发现问题，快速解决问题。在服务期间，成员每周汇报教研工作，在日常教学中与老教师交流分享课堂经验，紧跟教学进度，每月根据年级整体实际情况进行月考试题命题工作。为提高自身教学水平，强化自身课堂教育学习意识，团队成员在每学期开展教学公开课活动中，积极参与不同学科老教师的公开课，充分了解不同老师的授课风格后，结合自身实际情况做出相应调整以提高教学质量。

■ 教学研讨会、公开课

　　教学形式：为进一步深入教学，铲除教学阻碍，有效推进教学进展，支教团成员正确把握教学中的"变"与"不变"。

　　所谓变，是指改变传统的授课方式和单一的教学目标。如采取学习帮扶小组以及积分鼓励制激发同学们的自主学习能动性，使得班级学生月考成绩得到大幅度提升。好生带动差生的分组帮扶模式，可以在班级之间形成良好的循环，好生为差生讲解题目巩固基础知识，差生成绩提升激励组内成员学习，同时积分鼓励的形式为同学们提供了学习动力，提高了小组之间学习合作的凝聚力。除此之外，改变教学分级目标，因材施教，针对不同基础的学生有不同的预期值，学生的

■ 学习帮扶小组

点滴进步汇集提高也能够激发支教团成员自身的教学热情。

所谓"不变"分为三方面。一是不改变教学质量和态度，继续稳固帮助学生们养成良好的学习习惯，做到课前预习、课上练习、课后复习的学习模式；二是反思意识，保持与老教师之间的沟通，探讨教学方法，相互学习，使得在班级授课中能够有效避免雷区与做无用功；三是自身要求，始终迎接不同时期的困难与挑战，只有对解决问题抱有耐心、对自身的教学有决心、对学生们抱有信心，才能不断提高自身教学水平。

## 寓教于乐，打造多元学习模式

山西中阳分队秉持"快乐学习，全面发展"的观念，不仅"能学"更要"会学"。对于寄宿高中来说，合理分配课余时间，充实生活尤其重要。为此，支教团打造"1+4"的多元学习模式，即"课堂+红色、+游戏、+体育、+心理"。

■ 学生手抄报展示　　　　　■ 学科月"知识闯关"游戏

### 1. 红色教育

历史因铭记而永恒，精神因传承而发扬。作为吕梁革命老区的儿女，应重温历史，传承红色基因，发扬优良革命传统。支教团成员在校园通过举办红色科普讲座、观看红色影片、展示手抄报、阅览书籍等活动使学生接受红色教育，传承红色基因。

### 2. 主题游戏

让学习和游戏一样有趣。在封闭的教学环境中，排除枯燥乏味的学习氛围，将游戏与知识相结合，使学生在课余也能感知知识的魅力。如开展学科月的趣味活动、开展趣味知识竞赛等。

### 3. 体育锻炼

劳逸结合，均衡发展。支教团成员组织班级开展班级小型体育赛事活动，举办班级趣味运动会，通过运动加强团队合作意识。师生的共同参与，更能促进良好关系发展。

### 4. 心理疏导

支教团成员与当地教师一同参与学校组织的心理课，通过学习心理学课程，缓解并疏导学生的负面情绪，使他们拥有健康心理状态，并营造健康的学习氛围。

■ 师生趣味运动会　　　　　　　　　　■ 心理课学习

## 立柱架梁，打造校园特色社团

### 1. 礼仪社团

"学礼仪，展风采"，社团旨在宣传中国优秀传统文化，培养学生知礼、懂礼、尊礼、行礼。支教团成员主动担任礼仪社团辅导老师，通过每周的社团课学习礼仪知识、训练礼仪，帮助有需求的学生提升自己形象气质，带领社团学生参与校内外礼仪活动，进一步锻炼彰显一中学子风采。如2020年山西·中阳山宝"木耳杯"第三届山地马拉

松、一中开学典礼、校运动会、师生元旦晚会等。

### 2. 科技社团

为加强支教学校科学知识普及，让优质的科教资源也能够辐射到贫困地区，启迪偏远山区青少年科学思维，激发科学热情，第二十二届研究生支教团山西中阳分队成功申请到中国科协青少年科技中心与中国青少年发展基金会共同开展的"青少年STEM教育计划"科教支教团项目，并且在支教学校成立科技社团，始终致力于为中阳一中及职中学子带来更全面的科技教育普及和科学兴趣涵养。

■ "科教1+1"——操作实践课

社团打造"科教1+1"授课模式，即一周科普理论普及与一周实践操作，通过线上讲座直播、线下课堂讲授、高校科教资源包、科普书籍及科教用具等多角度辅助科普教育的推进，有效落实巩固科普教育工作成果。

同时，支教团得到北航蓝天志愿者协会捐赠的累计数十件文化衫及北航特色纪念小礼物，有利于提升社团形象。同时支教团也为学生们设计了印有"BUAA STEM"的纪念手环，手环上的"Never underestimate yourself"是支教团成员对学生们的期盼与希望。

■ 纪念手环

## 汇聚合力，做知识的"搬运工"

为营造校园学习氛围，帮助职中学生养成良好的读书习惯，支教团成员为中阳职中建设了图书借阅专区，帮助职中学生丰富课余生活。支教团成员与北航驻村第一书记张健睿同山西财经大学法学院校园互联开展图书捐赠活动，共同助力中阳县教育扶贫工作。据不完全统计，共捐赠图书200余本，学习用具100余件。

师生共读，引领校园读书新风向。在图书借阅专区建立后，办公室的老师们也纷纷借阅专区的书籍课下阅读并且相互交流学习，从学生到教师，共同养成爱读书的校园风气。

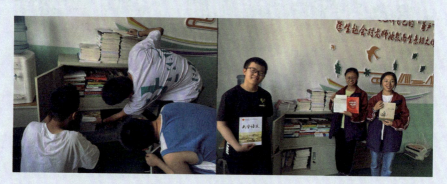

■ 支教团开展图书捐赠活动

第三篇　思想引领

过去的一年，第二十二届研究生支教团始终坚持思想引领，在岗位服务的同时组织参与系列主题教育，通过宣讲、视频、会议等学习重要精神、重要政策部署，并参观党史文化展馆、考察革命老区、下乡走访脱贫成效。志愿者积极参与七彩假期、环境保护、关怀辅导等20余项实践工作，始终以思想引领贯穿服务工作，在支教学校组建首届学生国旗护卫队，组织上党课、做实践、讲故事、唱红歌等系列活动，深刻推动党史精神学习。

厚植家国情怀，欢庆百年华诞。支教团的事迹受到CETV-1、海外网、中国网、中国青年网等报道，学习情况受《新闻联播》关注。

# 研究生支教团学习热议感想摘录

## ——在矢志奋斗中谱写新时代的青春之歌

一代人有一代人的使命，一代人有一代人的担当。第二十二届研究生支教团志愿者入选组建以来，始终坚持理论学习和思想引领建设，成立研究生支教团团支部，深入开展主题教育，重点学习习近平总书记关于脱贫攻坚与青年成长成才重要指示精神。

2020年3月15日，习近平总书记给北京大学援鄂医疗队全体"90后"党员回信，向他们和奋斗在疫情防控各条战线上的广大青年致以诚挚的问候。回信在第二十二届研究生支教团中引发强烈反响，大家在第一时间开展学习、发表感想。

■ 第二十二届研究生支教团微团课学习

### 新疆吉木萨尔分队 冯琨：

"一代人有一代人的长征，一代人有一代人的担当。"防疫抗争中青年一代挺身而出，与一线医护工作者一道为打赢疫情防控的人民战争、总体战、阻击战拼搏着，充分展现了新时代中国青年的精神风貌。在实战中经受考验，锻炼个人本领，以实际行动践行初心与使命。作为新时代青年，我们必须勇往直前，用行动肩负责任，用信念书写希望，不惧风雨，勇挑重担。在危难时刻，同祖国并肩作战是我们义不容辞的责任，也是青春时光中难忘的经历。

### 西藏山南分队 杨晓龙：

习近平总书记对北京大学援鄂医疗队全体"90后"党员的褒扬，是对奋斗在疫情防控各条战线上广大青年工作者的激励与肯定，更是对我们青年一代担当时代使命的深切厚望。作为一名参与到西部计划的研究生支教团志愿者，我希望能够在未来的一年内竭尽自己所能做好支教工作，克服艰难困苦，积极工作，乐于奉献，为西部的教育发展添砖加瓦。

### 山西中阳分队 李汶倩：

我们可以看到抗击疫情的医护人员中多了许多年轻的面孔，身为"90后"的他们并不畏惧这可怕的病魔，他们用行动告诉所有人——我们"90后"同样可以承担起生命的重担。北大援鄂医疗队的全体"90后"党员向我们充分展现了新时代的青年模样，他们不畏艰险、冲锋在前，有着青年人的拼劲，心中怀揣的是国家、是人民。我们作为青年一代，要肩负这份时代的责任，同人民一道拼搏，同祖国一道前进，服务人民、奉献祖国，让我们的青春绽放绚丽之花。

**山西中阳分队 夏守月：**

无论是奋战在一线的白衣天使，还是夜以继日坚守严防严控工作的广大基层党员干部，又或是以武汉"00后""余师傅"为代表的社区志愿者，广大青年在面对民族危难之际，冲锋在前、舍小家为大家的奉献精神令人动容。青年一代在这场战"疫"中充分诠释了"有理想、有本领、有担当"。我们作为"90后"青年志愿者的一员，应当发挥模范带头作用，配合学校关于疫情防控的工作安排，在完成学业的同时认真做好防疫工作，如同习近平总书记所说"让青春在党和人民最需要的地方绽放绚丽之花"。

**新疆吉木乃分队 王显菲：**

我很幸运能与一批不畏艰险、堪当大任的同龄人共成长。青年一代有理想、有本领、有担当，国家就有前途，民族就有希望。作为一名"90后"中共党员，以及北京航空航天大学第二十二届研究生支教团的一员，我将刻苦学习科学文化知识，在为人民服务中茁壮成长、在艰苦奋斗中砥砺意志品质、在实践中增长工作本领，努力做新时代的好青年，到祖国最需要的地方去，为国家作贡献，为人民服务。

2020年7月7日，中共中央总书记、国家主席、中央军委主席习近平给中国石油大学（北京）克拉玛依校区毕业生回信，肯定他们到新疆基层工作的选择，并对广大高校毕业生提出殷切期望。

作为践行"到西部去，到基层去，到祖国最需要的地方去"誓言的典型代表，第二十二届研究生支教团志愿者第一时间组织学习习近平总书记的回信。各位成员表示要立足新时代，担当新使命，接力弘扬研究生支教团志愿奉献精神，到祖国最需要的地方去，努力奋斗，艰苦创业，用青春书写无愧于时代、无愧于历史的华彩篇章。

### 宁夏泾源分队 张晓磊：

在2020年这个不平凡的毕业季，习近平总书记给中国石油大学（北京）克拉玛依校区毕业生的回信，肯定和支持了他们奔赴新疆基层工作的人生选择，令我备受鼓舞。作为新时代中国青年，肩负着实现中华民族伟大复兴的时代责任，更要深知"志不求易者成，事不避难者进"，新冠肺炎疫情的肆虐与所面临的"百年未有之大变局"，也给予我们更多的磨炼与成长。

对研究生支教团志愿者而言，理想与使命同在，挑战与机遇并存。这一年是决胜全面建成小康社会、决战脱贫攻坚之年。我愿始终牢记习近平总书记的嘱托，不忘初心选择，不悔青春志向，在支教工作岗位上尽责履职，努力发挥专业素养，传承发扬奉献精神，和每一位研支团成员一起接力服务当地教育科技等各项扶贫事业，积极把个人理想追求融入党和国家事业之中，为祖国和为人民多作贡献，与新时代同向同行，用奋斗绘就精彩前程，实现人生价值。

### 宁夏泾源分队 石一：

习近平总书记在回信中肯定了118名毕业生支援新疆、服务基层的人生选择，对我们广大高校毕业生提出了殷切希望。当下疫情反复，2020届毕业生在困难与磨炼中成长，习近平总书记希望我们志向坚定、不畏艰难地承担起民族复兴、国家崛起的时代使命。习近平总书记强调："把个人的理想追求融入党和国家事业之中，为党、为祖国、为人民多作贡献。"在过去不久的我校2020届毕业典礼上，徐校长也送给了我们三点寄语，第一点就是"要立志，永葆空天报国之志"，这和习近平总书记对我们所寄托的希望别无二致。

近年来，国内外局势波诡云谲，我们即将开始为期一年的西部支教活动，支援祖国边疆，为国家发展添砖加瓦。而我身为一名北航2020年毕业的学子，之后将所学知识服务于祖国的空天事业，助力祖国空天力

量发展壮大，即是对总书记殷切希望更具体、更真实的诠释。

### 宁夏泾源分队 靳树梁：

回信中，习近平总书记充分肯定了中国石油大学（北京）克拉玛依校区118名毕业生奔赴新疆基层工作的选择，同时也希望毕业生们努力成为可堪大用、想能担重任的西部建设者。新冠疫情让今年的毕业季变得与众不同，虽然毕业生们遇到了前所未有的困难，但同时我们也在困难中经受了磨炼，收获了成长。让我们明白了人生的道路不会是一帆风顺的，任何时候坚守自己的理想信念都是至关重要的。习近平总书记在回信中说："把个人的理想追求融入党和国家事业之中，为党、为祖国、为人民多作贡献。"在今年毕业前，我选择加入第二十二届研究生支教团，作为一名支教老师，首先要站好三尺讲台，上好每一堂课；其次，"扶智且扶志"，为西部地区的孩子们推开一扇看看广阔世界的窗。一年的时间虽然很短，但我一定会不忘初心，扎实认真地做好自己的工作，为祖国西部建设贡献自己的力量。

### 宁夏泾源分队 马文清：

2020年注定是不平凡的一年，新冠疫情、暴雨洪灾等侵袭着我们的祖国，在抗击灾难面前，"95后"与"00后"并没有成为老一辈人口中"垮掉的一代"。他们活跃在战斗一线，经历磨炼，收获成长，成为国之栋梁。"为天地立心，为生民立命，为往圣继绝学，为万世开太平"，当我第一次读到这句话时，就将此作为立身之铭。在不久的将来，我也将响应国家的号召，投身到中西部地区的建设支援当中，为贫困地区的基础教育贡献个人力量，改善当地教育资源，鼓励当地学生立志学习、有所作为，回报祖国。让青春之花绽放在祖国最需要的地方，把个人的理想追求融入党和国家事业之中，为党、为祖国、为人民多作贡献。

### 宁夏泾源分队　王云帆：

在研究生支教团的号召下，我们集体学习了习近平总书记给中国石油大学（北京）克拉玛依校区毕业生的回信，从中我感触良多。一方面，这封回信为我们树立了之后为之努力的榜样；另一方面，信中的内容是对我们强有力的鞭策和鼓励。

在脱贫攻坚的关键当口，又是疫情尚未结束的困难时刻，作为青年志愿者中的一员，我们应当坚定信心、矢志奋斗在国家脱贫攻坚的第一线，将个人理想追求融入党和国家事业之中。在未来一年中，我要树立扎根西部、建设边疆的坚强决心，不为困难所压倒，切身体会"志不求易者成，事不避难者进"的道理，在教师的工作岗位上为教育事业奉献青春之力。

### 山西中阳分队　李汶倩：

看到习近平总书记的回信，我内心感慨万千。一方面，作为一名北航的毕业生，我非常荣幸能在完成大学四年的学业后加入北航研究生支教团，可以用自己的力量去帮助家乡的孩子们克服学习和生活上的困难，并给他们带去努力学习建设家乡的信念。另一方面，作为一名党员，为党、为国家、为人民多作贡献也是我的理想追求，支教是我千百选择中最有意义的决定。

在今年的疫情面前，全国人民风雨同舟、守望相助，困难面前不逃避、不放弃，这正是因为大家都有强烈的必胜信念，才能战胜疫情。"古之立大事者，不惟有超世之才，亦必有坚忍不拔之志"，我们建设边疆、建设家乡、建设祖国也不仅仅是去教书，更是有扎根西部的坚定决心，有承担时代的责任感，有追求建设伟大祖国的激情。我一定不负众望，用自己的青春为党和人民建功立业，撰写绚烂青春！

**山西中阳分队 李闪：**

在第二十二届研究生支教团的行前会议中，全体成员共同学习了习近平总书记给中国石油大学（北京）克拉玛依校区毕业生的回信，更加坚定了我扎根西部、建设边疆的坚强决心。习近平总书记在回信中寄语广大高校毕业生，要志存高远、脚踏实地、不畏艰难险阻，勇担时代使命，将个人的理想追求融入党和国家事业之中，为党、为祖国、为人民多作贡献。对于石油大学毕业生来说，这封回信是他们收到的最好的、最珍贵的，也是最意想不到的"毕业礼物"。对于支教团来说，这份沉甸甸的嘱托更加坚信了我们的选择，让青春在祖国最需要的地方绽放绚丽之花。我们不是一个独立的团体，习近平总书记的深切关怀和殷切期望激励着我们，让我们更加意识到肩上的责任。支教的生活必将会成为我们生命中浓墨重彩的一笔！

**山西中阳分队 夏守月：**

习近平总书记给中国石油大学（北京）克拉玛依校区毕业生的回信令我备受鼓舞，提出的"生逢其时、肩负重任"更是触动了我。作为一名新时代青年、研究生支教团志愿者，同样属于2020届毕业生团体的一员，我见证了新冠肺炎抗疫斗争中无数优秀青年人的付出，见证了国际局势的剧烈动荡。我们生于长于和平年代，却又处于一个崭新的"战争年代"。

在2020年全面建成小康社会之际，青年志愿者应当具有无畏艰险的勇气与精神，脚踏实地、志存高远，在时代的浪潮中直挂云帆、乘风破浪，为中华民族伟大复兴贡献青春力量，实现"小我"价值、成就"大我"辉煌，在追逐人生理想的路上践行为人民服务的宗旨，以星星之火的力量为祖国教育事业、中西部地区的发展作出贡献。

### 西藏山南分队 李浩源：

通过阅读习近平总书记给中国石油大学（北京）克拉玛依校区毕业生的回信，我从中感受到了总书记对青年一代和西部建设的关注和关心。我们肩负着党和国家的责任，背负着中华民族伟大复兴的理想。我们青年一代，必定会谨遵习近平总书记的教导，志存高远，脚踏实地，不畏艰难险阻，勇担时代使命，把个人的理想追求融入党和国家事业之中，到党和国家最需要我们的地方去，以切身实际为人民谋利益，为地域谋发展，为祖国建设实现中华民族伟大复兴梦推波助澜，成为党和国家值得依托、人民群众值得信任、个人风采能够彰显的新一代好青年。最后，我一定会尽我所能帮助孩子们追求自己的理想，寻找未来发展的方向，成为能为祖国发展作贡献的人。

### 西藏山南分队 杨晓龙：

新冠肺炎疫情是对2020届高校毕业生的考验和磨砺，我们经历了线上毕业论文答辩、线上毕业典礼以及线上求职面试等过去不曾遇到的难题和挑战。我们能够深深地体会到党和人民在这次疫情中所做的努力，作为第二十二届研究生支教团的一名志愿者，在毕业之际除了毕业论文答辩外更多的是为服务西部做好准备。

我们多数毕业生都是出生于20世纪末，见证了祖国富裕和强大的过程。在2020年这个新的历史交汇点上，我们十分荣幸地"扛起"新的使命——为中华民族伟大复兴的中国梦而不懈奋斗。西部发展是解决我国当下主要矛盾的重要途径之一，是我们打赢全面脱贫攻坚战的关键所在。到西部去、到基层去、到祖国和人民需要的地方去，我们要将个人的理想追求融入党和国家的事业中；在实践中完善自己、在工作中助力脱贫，我们要将自己的努力和学识投入西部的发展、祖国的建设中。

## 新疆吉木萨尔分队 冯琨:

作为即将奔赴新疆参与基础教育工作的一员,我切实了解西部地区教育资源的薄弱,疫情特殊时期的我们这一代青年更是肩担重任。既要教好书,更要育好人,传递信心与志气,培养"有理想,有本领,有担当"的西部优秀人才。同时要谨记支教扶贫的使命,主动发现因贫困限制地区和学生发展的因素,于挑战中解决现实问题。我必将牢记习近平总书记的殷切嘱托,坚定"干则必胜,创则必成"的决心,不求易,不避难,在支援西部的征程上不畏风雨,敢于攀登。牢记时代赋予我们这一代人的责任和特殊记忆,用力学笃行的实际行动将青春的色彩书写在绚丽的西部大地上。

## 新疆吉木萨尔分队 阿茹娜·叶尔肯:

读完习近平总书记给中国石油大学(北京)克拉玛依校区毕业生的回信,我深有感触。习近平总书记曾经谈到:"祖国的青年一代有理想、有追求、有担当,实现中华民族伟大复兴就有源源不断的青春力量。"身处抗击新冠疫情时代的青年,只有把自己的成长进步与国家民族的前途和命运紧密结合起来,才能拥有更为广阔的人生舞台。

在注定载入史册的时代中,我身边的同学切身实地地奉行着北航人"空天报国,敢为人先"的使命。我们中有人在新冠疫情最严峻的时刻不畏艰难险阻,扛起重任,为减轻一线工作人员的辛苦,主动地、积极地参与社区防疫的一线岗位;我们中有人心系贫困地区教育,致力于用一年不长的时间做一生难忘的事,正如我即将奔赴西部边疆地区成为一名基层教师,去挥洒青春,去弘扬奉献、友爱、互助、进步的志愿精神;我们中有人心系学校学院在抗疫过程中工作施展的困难,主动请缨在疫情期间配合学校、学院工作,提醒同学打卡,帮助学院打包毕业生的行李等,展现了北航新一代学子的风采。

正如习近平总书记所言,我们这一代年轻人生逢其时、肩负重任，必须志存高远、脚踏实地，不畏艰难险阻，勇担时代使命，把个人的理想追求融入党和国家事业之中。讲好北航学子的青春故事，履行中国青年的时代责任，胸怀华夏子女的初心使命。

扎根西部 仰望星空——记北京航空航天大学第二十二届研究生支教团

### 新疆吉木萨尔分队 刘依凡：

习近平总书记在给中国石油大学（北京）克拉玛依校区毕业生的回信中饱含着对广大学子服务社会、建设祖国的深深鼓励与殷切期盼。中国石油大学118名同学到新疆基层工作的人生选择令人敬佩，习近平总书记希望广大青年为国为民建功立业的殷切嘱托令人动容。担当时代使命，响应国家号召，我也即将踏上前往新疆吉木萨尔为期一年的支教旅程。"空天报国"的北航精神中弥漫着浓厚的红色基因，大学四年的经历让我确定了要"到西部去，到基层去，到祖国最需要的地方去"，以自己微小的力量默默做祖国西部的建设者。这次习近平总书记的回信更让我坚定了自己的选择，要到雪莲花盛开的地方去，奉献自己的青春与力量，方不负国家和母校的栽培与教导。

### 新疆吉木萨尔分队 张钰琦：

一百年前，青年同志和广大人民群众开展轰轰烈烈的五四运动；一百年后的今天，我们目睹了中国抗击新冠疫情的全过程，并且切身体会，成为我们人生中不可磨灭的一段经历。"生逢其时、肩负责任"。磨炼使我们成长，更让我们坚定中国特色社会主义理论，担当起中国青年为实现中华民族伟大复兴的时代重任。

作为北京航空航天大学研究生支教团的一员，接下来的一年我将前往新疆支教。我一定牢记习近平总书记的谆谆教诲，坚定理想信念，担当起奋勇搏击的时代责任，扎扎实实做好支教扶贫工作，积极参与精准扶贫和乡村振兴工作，了解国情、民情，增长自身能力才干，实践中国特色社会主义理论。

## 新疆吉木萨尔分队 彭泰膺：

习近平总书记在回信中号召广大毕业生到基层工作，作为一名大学生党员，一名研究生支教团的成员，我觉得应发挥先锋精神，积极响应习近平总书记的期望，在支教的过程中脚踏实地，做好一名人民教师，在当地协助开展多种团学工作。我身处湖北地区，在今年新冠疫情管控最严重的时候，我积极报名参与当地的疫情防控工作。14天的防控工作让我深知基层工作的不易，也感谢这段宝贵的经历让我能够发挥自己的价值，提前对基层工作有了大致的印象。"志不求易者成，事不避难者进"，"有志者，事竟成"。我将秉承这种精神践行在新疆的支教工作中，在思考和实践中不断成长，将自己的青春和祖国的发展紧密联系，在基层中发光发热。

## 新疆吉木乃分队 徐国辉：

在读了习近平总书记对广大高校毕业生的寄语后，我感慨颇深。习近平总书记多次强调青年作为国家未来的希望，要有担当、有责任，矢志不渝地为祖国和民族的复兴奋斗。作为正值青年的大学生一员，即将奔赴祖国边疆进行支教活动的我们，应该牢记习近平总书记对我们的教导，在边疆支教的各种活动中，通过实践把个人的理想追求与目标，融入党和国家事业之中，为党、为祖国、为人民多作贡献。针对信中有关中国石油大学（北京）克拉玛依校区毕业生的行为，同样作为毕业生的我们，应该向他们学习，以祖国未来为己任，以民族复兴为担当，积极投身祖国边疆事业的建设中去，为中华民族的伟大复兴贡献一份力量。

前路漫漫，任重道远。我们"生逢其时、肩负重任"，应志存高远、脚踏实地。不畏艰难险阻，勇敢地担当起时代赋予我们的伟大使命，为祖国的美好明天而不懈奋斗。

■ 组织开展主题学习

### 新疆吉木乃分队 王显菲：

中国石油大学（北京）克拉玛依校区的118名学生，毕业后将赴新疆基层工作，这样的人生选择值得我们敬佩。他们将在西部，同各族群众一起奋斗，不畏艰难险阻，勇担时代使命，为党、为祖国、为人民多作贡献，这样的人生是伟大的一生。

"到基层去，到边疆去，到祖国需要的地方去"。在未来一年，我也将赴新疆开展为期一年的支教工作。正如习近平总书记所说，我们这一代人"生逢其时、肩负重任"。希望自己在今年特殊的形势下，把个人的理想追求融入党和国家事业之中，不负韶华，不负青春，用自己的努力为边疆作出切实的贡献；也希望我能矢志奋斗，经受磨炼，收获成长。

### 新疆吉木乃分队 王姝钦：

看到习近平总书记给中国石油大学（北京）克拉玛依校区毕业生的回信，我深深地感觉到自己能够前往新疆吉木乃县支教是一件无比荣幸与光荣的事情。我们新一代的中国青年，应当把实现中华民族

伟大复兴的中国梦牢记在心中，时刻为祖国的繁荣复兴贡献自己的力量，用一年不长的时间，去做一件一生难忘的事情。一代青年有一代青年的使命，我们手握中华民族伟大复兴的"接力棒"，要用使命和担当磨砺青春的锋芒。青年兴则国家兴，青年强则国家强。只要我们有理想、有本领、有担当，国家就有前途、民族就有希望。现在，青春是用来奋斗的；将来，青春是用来回忆的。在即将前往边疆之际，我非常期待自己未来一年的支教生活，我也更加期待在西部的土地上书写出属于我的青春故事。

### 新疆吉木乃分队 任永坤：

国家的建设与发展需要每一个中国人的努力，我们青年人更应勇当先锋。响应祖国的号召，奔赴祖国需要的地方，在边疆的基层工作，是这些毕业生的选择；正如我们前往西部地区支教，投身教育事业，是我们坚定的选择。

在新冠肺炎疫情突发的今年，我们面临着严峻的形势，要在岗位上做好自己的工作，要发扬艰苦奋斗的精神，克服困难，经受住磨炼。正如习近平总书记所说，"志不求易者成，事不避难者进"，知难而进，不惧险阻。这种坚韧不拔的精神正是这样特殊环境下我们所需要的。

在即将奔赴西部地区支教的一年里，我们也需要坚定信念，脚踏实地，从身边工作做起，但永不止于身边工作。我们要把个人的理想追求融入国家的需要、党的需要，投身祖国伟大复兴的事业，努力成为理想坚定、可堪重用的青年西部建设者。

2020年8月17日，中华全国青年联合会第十三届委员会全体会议、中华全国学生联合会第二十七次代表大会在京开幕。中共中央总书记、国家主席、中央军委主席习近平发来贺信，代表党中央，向大会的召开表示热烈的祝贺，向全国各族各界青年和青年学生、向广大海外中华青年致以诚挚的问候。

作为新时代的新青年，第二十二届研究生支教团志愿者第一时间组织学习习近平总书记的贺信精神，在认真领悟习近平总书记对青年的寄语后，各位成员备受鼓舞，纷纷表示要立足志愿支教和扶贫工作，在未来的一年中牢记嘱托、坚定使命，积极"同亿万人民一道，在矢志奋斗中谱写新时代的青春之歌"。

2020年8月18日晚，《全国教育新闻联播》视频连线采访了第二十二届研究生支教团团长张晓磊，展现我校支教志愿者学习习近平总书记回信精神，立志用言行与实践诠释新时代青春之歌的誓言。

■ 2020 年 8 月 18 日《全国教育新闻联播》采访截图

### 宁夏泾源分队 刘露露：

习近平总书记的贺信为我们青年学生指明了方向，充分体现了党中央对我们青年学生群体的殷切关怀。值此百年未有之大变局，作为北航学子，我们要牢记习近平总书记的指示，紧跟时代的步伐，将个人理想融入民族复兴的理想之中，践行"德才兼备，知行合一"的校训精神，用实际行动展现北航人"空天报国"的拼搏精神，到祖国需

要的地方去，用奋斗彰显青春本色，为实现中华民族的伟大复兴而努力奋斗。

### 宁夏泾源分队 石一：

习近平总书记在信中指出："青联和学联工作是党的青年工作的重要组成部分。"五年来，在党的领导和共青团的帮助指导下，青联和学联组织在全面建成小康社会进程中贡献了智慧力量，为做好党的青年工作发挥了重要作用。其实在生活中，我们经常会发现青年的身影出现在社会各个角落，在党的号召下，众多有志青年下基层、上前线，有用砌刀砌出青春的"95后"邹彬，有致力志愿服务工作的黄君婷，也有抗疫时期的"生命摆渡人"汪勇……这些青春榜样彰显的是新时代新青年的神采和风貌。学生群体是青年集体中的重要组成部分，我们大学生更要向上看，向前看，用点滴力量汇聚出一条民族复兴、国家崛起的康庄大道！

### 宁夏泾源分队 靳树梁：

习近平总书记在贺信中充分肯定了各级青联和学联的青年工作。五年来，在党的领导下，在共青团帮助和指导下，各级青联和学联组织团结广大青年和青年学生在全面建成小康社会进程中贡献智慧力量、展现青春风采。习近平总书记也指出，经过全党全国各族人民团结奋斗，我们即将夺取全面建成小康社会伟大胜利，同时我们也将站在第二个百年奋斗目标的起点。作为新时代青年的我们，要想成为一名合格的社会主义事业接班人，就应当坚定自己的理想信念，培育高尚的品格，练就过硬的专业技能。青春正当时，携手创未来！

### 宁夏泾源分队 马文清：

习近平总书记的贺信，让我们每一名青年学生都深受鼓舞。作为一名研究生支教团成员，我即将奔赴宁夏泾源县新民乡中心小学进行为期一年的支教服务，将继续发挥共青团员的先进性和北航人吃苦耐劳的精神。泾源县位于六盘山腹地，属于陕甘宁交界处，红军长征正是从这一地带翻越最后一座高山——六盘山而走向胜利，相信我们的支教活动也会顺利完成。学习了习近平总书记的贺信，我更加坚定了服务基层人民群众的信念。作为支教大学生，我们应该以先进人物为榜样，一方面要能够安下心来将自己的爱挥洒在基层教育，将支教作为自己事业的一部分；另一方面要将自己所学发挥到极致，真正去帮助农村的孩子完成学业，让自身的价值得到实现。

### 西藏山南分队 李浩源：

一代青年有一代青年的历史际遇。为实现中华民族伟大复兴的中国梦而奋斗，是当今中国青年的时代主题，是当代青年学生千载难逢的历史荣光和重若千钧的历史使命。作为青年一代，我们应该坚定理想信念，勤奋刻苦学习，勇于艰苦创业，培养高尚品德，在学习、生活中，以乐观的心态面对一切艰难困苦，认真学习各种知识，在广泛的社会实践中锻炼本领，在应用中实践自己所学的理论知识，做到实践与理论相结合。关注学科前沿，以勇立潮头的勇气，拓宽视野，攀登高峰，努力成为各领域的拔尖人才和优秀的建设者。在这个科技日新月异的时代，我们作为有理想、有抱负、有本领、有担当的新青年，要勤于思考，善于学习，勇于创新，发挥青年生力军和突击队的作用。

### 西藏山南分队 杨晓龙：

习近平总书记的贺信表达了对青年成长成才的关怀，也表达了对青年人的殷切希望。作为一名西部计划志愿者，我有幸能够为党和国家事业发展作出自己的一份贡献，这于我而言是十分荣幸和骄傲的。来到西藏山南的这段时间，我们同广大青年志愿者一道投身于这里的基层工作，此外也在社区志愿服务中为农牧区留守儿童送去了关爱。在未来的一年中，我们也将以饱满的热情和严谨的态度来对待支教扶贫工作，用自己的实际行动谱写新时代的青春之歌。

"特别能吃苦、特别能战斗、特别能忍耐、特别能团结、特别能奉献"——"老西藏精神"是对我们这些青年志愿者最好的激励，鼓励我们在支教服务的一年里矢志奋斗。在新时代的背景下，青年人要意识到自己所肩负的使命，而服务祖国西部便是我此刻的使命。我们应该自觉带动身边的青年朋友，坚定跟党走、奋进新时代，为党和国家事业发展作出更大的贡献。

### 山西中阳分队 李汶倩：

在全面建成小康社会的征程上，我们紧跟党的脚步，继承党的光辉，发扬青年党员的优良作风，在疫情面前不放弃，直面问题、解决问题，展现了新时代青年学生的担当与风采。2020年是脱贫攻坚的决胜时刻，这五年来在党的正确领导下，当代青年与祖国共命运、与时代同进步、与人民齐奋斗。我作为即将赴西部支教的一员，更应该时刻谨记习近平总书记对中国青年们的嘱托，奔赴在脱贫攻坚的主战场，在奋斗中释放青春激情，在奉献中追求青春理想，以青春之我、奋斗之我，为民族复兴铺路架桥，为祖国建设添砖加瓦。

### 山西中阳分队 夏守月：

2020年是特殊的一年，对于国家是决胜全面建成小康社会的关键之年，对于社会乃至全人类是接受新冠肺炎疫情大考的一年，对于我个人而言是我结束本科学习生涯前往西部支教的一年。新时代青年"生逢其时、肩负重任"，用自己的行动在新冠疫情斗争中交出了满意答卷，在过去五年中燃烧青春力量，建设美好祖国。我们是全面建成小康社会进程的见证者、亲历者，更是这美好拼搏过程中的参与者和奋斗者。作为一名大学生党员、西部计划志愿者，我会以无数优秀青年前辈为榜样，志存高远、脚踏实地，将自身学识倾囊相授，在拼搏与奉献中绽放青春之花。

### 山西中阳分队 李闪：

学习了习近平总书记致全国青联十三届全委会和全国学联二十七大的贺信，看到了习近平总书记对广大青年的殷切关怀，也看到了党和人民对当代青年学生所给予的深情厚望，我深刻体会到了肩上的重任和历史使命。在新的历史进程中，中国打了一场漂亮的疫情"翻身仗"，数以万计的中国青年冲锋在抗疫的第一线，克服困难开展科学研究，在国际上亮出了中国青年的新名片。青年工作攸关党和国家的前途命运，尤其中国正处于复杂多变的国际形势中，作为当代青年更应该用奋斗践行习近平总书记的殷切嘱托，坚定理想信念，勇担使命，为党和国家的事业发展贡献青春力量。作为西部志愿者中的一员，更应该携手广大青年志愿者把握当下，砥砺前行，一起为中国的教育事业创造更璀璨的光芒。

### 新疆吉木萨尔分队 冯琨：

聆听习近平总书记致全国青联十三届全委会和全国学联二十七大开幕的贺信，我深切感受到习近平总书记对青年一代的关心和期许。在2020年这不平凡的一年里，我们看到医护人员冲锋在抗疫一线，看到社区工作人员、广大志愿者们奉献自我，看到人民子弟兵在防洪前线不畏艰难险阻，保障群众安全。作为研究生支教团的成员，在全面打赢脱贫攻坚战这一关键节点上，我们也承担着特殊的使命与责任，在这样伟大的历史舞台上，作为渺小但闪亮的星，发一分光，发一分热。我们必将牢记习近平总书记的殷切嘱托，发挥青年志愿者精神，在教书育人的过程中练就过硬本领，担当时代重任，在广阔天地里磨

砺意志、增长本领。牢记时代赋予我们这一代人的责任和记忆，用力学笃行的实际行动将绚丽的青春色彩书写在祖国西部大地上。

### 新疆吉木萨尔分队 刘依凡：

通过学习习近平总书记致全国青联十三届全委会和全国学联二十七大的贺信，我们可以看到以习近平同志为核心的党中央始终紧密关注着广大青年和青年学生的思想动态和发展情况。青联和学联工作是党的青年工作的重要组成部分，青年和青年学生的奋斗是国家进步的重要力量。作为青年一代，我们要知道党和国家在培养我们的过程中一直抱有谆谆教诲与殷切期盼，我们应该肩负社会责任与国家使命，砥砺奋斗，锐意进取，用自己的青春和汗水助力国家的建设和发展。

### 新疆吉木乃分队 徐国辉：

信中习近平总书记传达了对广大青年的问候，肯定了青年在社会主义建设中所作的贡献。我们作为青年一代，深知自身肩负时代所赋予的责任与使命，一定会牢记习近平总书记的嘱托，不辜负广大人民群众对我们的殷切期望，不忘初心、牢记使命，为实现中华民族的伟大复兴，为实现第二个百年奋斗目标而努力！

### 新疆吉木乃分队 王显菲：

从贺信中，我感受到了习近平总书记对青年的关心，对青年发展的重视。习近平总书记的信件为我们的成长成才进一步指明了方向。我们青年人还有很长的人生道路要走，是早上初升的太阳。在今后的学习工作中，我将牢记习近平总书记嘱托，坚定理想信念，培育高尚品格，练就过硬本领，勇于创新创造，矢志艰苦奋斗，同亿万人民一道，在矢志奋斗中谱写新时代的青春之歌。具体来说，作为志愿者，我将脚踏实地，认真工作，自觉把个人理想融入国家发展大局，为祖国的脱贫攻坚事业、为边疆建设贡献自己的力量，在基层练就本领，发光发热。作为一名研究生，我将努力学习科学文化知识，认真开展科研，完成导师交给的每一项科研任务，用奋斗的青春担起法治中国的时代责任。

### 新疆吉木乃分队 王姝钦：

青年是祖国的未来，也是祖国未来蓝图的重要建设者。作为一名青年，更应该不忘初心、牢记使命，不断学习，持续学习，努力提升自身素养，积极为建设祖国贡献智慧与力量。个人的力量或许薄弱，但哪怕是微小的力量汇聚到一起总是能爆发出更强劲的威力。习近平总书记对青年一辈提出殷切的期望与希冀，正是因为青年是实现伟大中国梦的主力军。为此，我们更该勇担责任，始终保持谦虚、谨慎、不骄不躁，努力在工作学习中发挥积极性、主动性、创造性，在实现中华民族伟大复兴梦的过程中贡献自己的青年力量。

### 新疆吉木乃分队 任永坤：

作为中国新时代青年的一员，我时刻谨记要为祖国的发展多作贡献。正如广大青年在各自的领域中、岗位上不断奋斗一样，我们也以

■ 参与制作"北航人的红色传承"系列微党课

实际行动在努力着，前往祖国需要的地方为教育扶贫尽自己的一份力。正是因为一代代青年在用自己的青春、激情与力量为祖国的建设与发展作出贡献，我们的国家才能不断打破壁垒、阔步向前。我们要坚定跟党走，紧跟时代步伐，锐意进取，积极开拓，在今后实现第二个百年奋斗目标的新征程中继续贡献自己的力量。

2021年的春天，"两个一百年"奋斗目标在此时交汇，十三届全国人大四次会议和全国政协十三届四次会议在万众瞩目中召开。习近平总书记分别参加内蒙古、青海代表团审议，出席解放军和武警部队代表团全体会议，看望政协医药卫生界、教育界委员并参加联组会，同代表委员们深入交流、共商国是，就立足新发展阶段、贯彻新发展理念、构建新发展格局，推动高质量发展、创造高品质生活作出一系列重要论述，凝聚起亿万人民一往无前的奋进力量。

第二十二届研究生支教团志愿者通过电视、网络、手机客户端等形式，积极收听收看开幕盛况，了解会议动态，聚焦教育事业、乡村振兴等重要方面，认真学习贯彻两会精神，发表热议感想。

■ 第二十二届研究生支教团观看学习

**宁夏泾源分队 张晓磊：**

2021年是中国共产党百年华诞，在"两个一百年"奋斗目标历史交汇点上召开的全国两会意义非凡。李克强总理在《政府工作报告》

■ 第二十二届研究生支教团观看学习

中充分回顾了过去一年的各项伟大成就，向世界交上一份人民满意、世界瞩目、可以载入史册的中国答卷。习近平总书记"下团组"、出席联组会，为各项事业作出深切指导并提出明确要求，鼓舞人心，催人振奋。

对我们而言，党和国家有决心、有信心着力构建优质均衡的基本公共教育服务体系，不断巩固脱贫攻坚成果，全面推进乡村振兴。作为研究生支教团志愿者更应立足新时代发展大局，既要在教育帮扶和志愿服务上用心担当作为，以实际行动推动中西部乡村教育事业，落实高质量均衡发展的新要求；也要充分把握基层实践的思想政治育人功能，用好一年时间，在广阔的平台上贴近时代、认知国情、体悟初心、坚定理想，努力成为优秀的青年马克思主义者，以不负青春的成绩为建党百年献礼。

**宁夏泾源分队 靳树梁：**

今年是"十四五"的开局之年，也是中国共产党成立100周年。在这个新的历史交汇点上，全国两会隆重召开，通过观看视频的方式，我们第一时间了解党和国家在教育事业和乡村振兴等方面的发展方向。习近平总书记强调，教育是国之大计、党之大计。习近平总书记还指出，教师是教育工作的中坚力量。"做好老师，就要执着于教书育人，有热爱教育的定力、淡泊名利的坚守，就要有理想信念、有道德情操、有扎实学识、有仁爱之心。"作为一名西部计划志愿者、研究生支教团成员，通过此次两会精神的学习，我也进一步明确了自己的责任和使命。在未来的支教工作中，我必将竭尽所能，做好教学工作，对每一位学生负责。

**山西中阳分队 李汶倩：**

今年是中国共产党成立100周年，是全面建设社会主义现代化国家新征程的开启之年，从经济到教育，从城市到乡村，全党、全国人民都在坚定不移地为中华民族复兴强国努力奋斗。无论是面对突如其来的新冠肺炎疫情，还是脱贫攻坚的持久战，靠的是全党全国各族人民一次又一次的团结奋斗。作为新时代的青年人，我们任重而道远，主动作为才能有所作为；作为一名支教老师，我愿用青春助力教育扶贫、乡村振兴，与支教团成员兄弟姐妹们一起携手为建设富强、民主、文明、和谐、美丽的社会主义现代化强国而接续奋斗！

**山西中阳分队 夏守月：**

全国两会日前在北京召开，两会上谈到的教育与乡村振兴一直是备受关注的话题。毋庸置疑，乡村教育是助力乡村振兴的重要推进力和重要组成部分。在年初的贫困县和贫困人口全部实现脱贫摘帽的背景下，2021年重点工作中提出要发展更公平、更高质量的教育、高校招生继续加大对中西部和农村地区倾斜力度、坚持和完善东西部协作和对口支援机制等内容。作为研究生支教团的一员、教育扶贫的一分子，身处北航对口扶贫的中阳县，2021年我将继续秉持"不忘初心、静心教书、牢记使命、潜心育人"的理想信念，以自身学识培育新一代青少年学子，在提高脱贫地区内生发展能力上贡献绵薄之力。

### 山西中阳分队 李闪：

党和国家始终将教育放在优先发展的战略地位，推进深化改革，不断加大投入，教育规模逐年扩大，使得我国教育总体发展水平迈入世界中上行列，成为世界教育大国，为我国的教育发展提供了源源不断的人才资源。作为一名研究生支教团老师，我备受鼓舞、信心满满。我坚信教育是国之大计，民之希望，我们担负了崇高的历史使命和社会责任，要不忘初心、牢记使命，引导学生立足中国大地，创新性地培养为中华民族伟大复兴贡献智慧和力量的时代新人。

### 新疆吉木萨尔分队 冯琨：

2021年度的《政府工作报告》中指出，要发展更加公平、更高质量的教育，在教育公平上迈出更大步伐。扶贫先扶智，教育是阻断贫困代际传递的根本途径，是民族振兴、社会进步的重要基石，是功在当代、利在千秋的德政工程。作为扎根基层、服务西部基础教育的一名支教老师，要进一步发挥北航人攻坚克难、舍我其谁的责任感，在2021年的关键节点上刻苦钻研，勤奋工作，齐心协力，开拓进取。

### 新疆吉木萨尔分队 阿茹娜·叶尔肯：

2020年我们打赢了脱贫攻坚战，在疫情防控中取得重大战略成果，并且在百年未有之大变局中成为全球主要经济体中唯一实现经济正增长的经济体。这背后是无数基层工作者、医护人员、扶贫工作者不忘初心、牢记使命、不断奋斗的成果。

2021年是中国共产党建党100周年，作为一名研究生支教团成员，我们不仅是历史巨变的见证者，更是参与者。李克强总理在两会工作报告中提出"让每个孩子都有人生出彩的机会"。在乡村振兴的新征程上，乡村教育更需要为孩子们种下希望的种子。身为基层支教老师，我们更应该尽己所能，有一分光便发一分热，爱岗敬业，传递青年力量。

### 西藏山南分队 李浩源：

3月5日上午，我和班级学生一起聆听了李克强总理的政府工作报告。会上，李克强总理就疫情防控、社会经济发展和脱贫攻坚工作等做了全面报告。在去年新冠肺炎疫情冲击全球的背景下，我国是全球唯一实现经济正增长的主要经济体，并且未被阻碍前进的步伐，脱贫攻坚战取得全面胜利，决胜全面建成小康社会取得决定性成就。

新的一年要做好巩固拓展脱贫攻坚成果同乡村振兴有效衔接，还要在教育公平上迈出更大步伐，这与我的工作息息相关。作为一名新时代青年人，投身于西部，响应党和国家的号召，为"扶智"和"扶志"奉献自己一份微薄的力量。"非曰能之，愿学焉"，纵使我不是一颗耀眼的星辰，但我相信微弱星火聚集起来也能凝聚成一股力量。最后，祝我们的祖国发展得越来越好，愈加繁荣昌盛！

### 西藏山南分队 杨晓龙：

今年是中国共产党成立100周年，也是第一个百年奋斗目标实现的节点。当下全球疫情形势依旧严峻，在这样的历史背景和世界局势下，我们党领导全国各族人民实现了继往开来的成就，制定了令人振奋的"十四五"规划和2035年远景目标。作为服务在教育一线的支教志愿者，我们应该以培养终身运动者、责任担当者、问题解决者和优雅生活者为目标，做好榜样，推动西部教育优质均衡发展。未来已来，青年人理应肩负使命；砥砺前行，新征程更加值得期待。

### 新疆吉木乃分队 徐国辉:

2020年是极不容易的一年,面对疫情的袭扰,全国人民万众一心,共克时艰。2021年是建党100周年,同时也是"十四五"的开局之年。《政府工作报告》中指出,"十四五"期间要大力发展乡村振兴,提高经济发展质量。作为新时代的青年奋斗者,以及研究生支教团的一员,在这百年历史时期,我们应该以建设者的身份,积极参与到祖国建设之中,在乡村振兴的政策指引下,为边疆农村教育事业贡献自己的光和热,为祖国教育事业的美好明天播撒希望的种子。

### 新疆吉木乃分队 王显菲:

对于今年两会,我格外关注教育方面。从一名高校学生,到一名小学教师,我非常希望孩子们能茁壮成长。

在《2035年远景目标纲要》中,我对"提高民族地区教育质量和水平,加大国家通用语言文字推广力度"有切实感悟。我任教于祖国边疆,班里绝大多数孩子是少数民族,家里交流使用民族语言,有些学生刚入学不是很能理解普通话,对于基础知识的教学要格外重视。虽然教育条件较内地县城差,但当我看到学校领导、骨干教师经常加班到深夜,讨论教学,走访学生,提高家长对教育的重视时,我对他们满怀敬意。正是他们,我们国家边疆建设才能这么好,脱贫攻坚才能取得这么巨大的成就。我对自己提出要求:我,和我的同事,将牢记初心使命,为民族地区教育质量提高,做出最大的努力。

2021年7月1日,庆祝中国共产党成立100周年大会在北京天安门广场隆重举行,中共中央总书记、国家主席、中央军委主席习近平出席大会并发表重要讲话。习近平总书记指出:"未来属于青年,希望寄予青年……新时代的中国青年要以实现中华民族伟大复兴为己任,增强做中国人的志气、骨气、底气，不负时代，不负韶华，不负党和人民的殷切期望！"

第二十二届研究生支教团志愿者通过电视、网络等形式积极收看，第一时间组织学习习近平总书记"七一"重要讲话精神，认真领会，抒发感悟。

■ 2021 年 7 月 10 日《新闻联播》

2021年7月10日《新闻联播》报道了广大知识分子和青年学生深受激励与鼓舞，并表示将牢记习近平总书记的嘱托，矢志奋斗，向着全面建成社会主义现代化强国的第二个百年奋斗目标奋勇前进。北京航空航天大学研究生支教团成员代表在党旗前、在北京一号前庄严承诺："请党放心，强国有我！"

### 山西中阳分队 夏守月：

7月1日当天，我在支教学校的教室内，带领同学们观看庆祝中国共产党成立100周年大会的直播，会上习近平总书记发表重要讲话，长达一个小时的讲话令我心潮澎湃、深受鼓舞。百年来，中国共产党带领中国人民筚路蓝缕、艰苦创业，走过战争年代与改革开放，实现了第一个百年奋斗目标。"中国人民从来没有欺负、压迫、奴役过其他国家人民，过去没有，现在没有，将来也不会有。同时，中国人民也绝不允许任何外来势力欺负、压迫、奴役我们，谁妄想这样干，必将在14亿多中国人民用血肉筑成的钢铁长城面前碰得头破血流！"习近平总书记的话凝聚了几代人的信仰、心血与努力，百年岁月峥嵘，无数先辈为和平幸福的今天英勇献身，他们的丰功伟绩和奉献精神永远值得我们铭记与学习。中华民族已迈入新时代，作为青年学子的一员、作为9000多万名党员中的一分子、作为14亿中国人民之一，我们理当接过中华民族伟大复兴的接力棒，将个人梦想融入家国理想，不负韶华、不负盛世、不负党和国家的期待："请党放心，强国有我！"

### 西藏山南分队 杨晓龙：

习近平总书记在庆祝中国共产党成立100周年大会上指出："未来属于青年，希望寄予青年。"我想我们研究生支教团所做的和将要做的，就是到基层去、到西部去，到祖国最需要的地方去。一年的支教时光仅仅让我对祖国的西部有一个基本的了解，改变和促进西部的发展根本无从谈起。支教西藏一年，情系西部一生。在近一年的工作和学习中，我始终考虑未来怎样能够为祖国西部的发展贡献一份力量，让自己人生的发展与祖国西部的发展并行同向。今后，作为一名中国共产党党员我更要不断提升自身的发展，从而回馈社会、建设祖国。

### 新疆吉木萨尔分队 彭泰膺：

我很荣幸生在了这个时代，亲历我们的国家实现了第一个百年奋斗目标，也很荣幸一年的支教工作给我积累了宝贵的工作经验。奋斗不只是响亮的口号，而是要做好每一件小事、完成每一项任务、履行每一项职责。支教服务期间，作为老师的我们要精心上好每一堂课，给孩子们带来丰富的课外活动，我们在教育孩子的同时自身也在成长。虽然奋斗的道路不会一帆风顺，会荆棘丛生、充满坎坷，但我始终坚信，强者总是从挫折中不断奋起、永不气馁。作为新时代的中国青年，我们要树立远大理想，热爱伟大祖国，为共产主义事业不懈奋斗！

### 新疆吉木乃分队 王显菲：

今年是中国共产党成立100周年，作为一名党龄三年的北航研支团成员，我十分激动，并倍感骄傲。

过去一年，我服务于祖国西北边陲吉木乃县。支教期间，学生兴奋地告诉我自己家要从平房搬到楼房；同事喜悦地和我分享待遇提高了，党和国家对教育越来越重视；朋友满足地聊到旅游经济给自己生活带来的显著改善……在这里，我看到街边各类店铺充满生机活力，经济稳步发展；体验从4G网络遍布，到5G逐渐普及；居住在配套设施持续完善的楼房，为人民居住水平不断提高开心；行走在平整现代的道路上，体会更加便利的出行条件……各族人民在这片广袤美丽的土地上团结一家亲、幸福生活。对比十年前的老照片，我切身地感受到吉木乃县翻天覆地的变化。这一切，正是得益于党和国家对新疆发展的大力支持，对新疆人民的亲切关怀。我真切地为我们的党感到自豪！

作为青年党员，在未来我将始终坚持中国共产党的领导，与新时代同向同行，努力为党和人民争取更大光荣！

# 重温党史 | 走进吕梁革命老区

## ——饮水思源，勿忘老区，重温党史

吕梁市位于山西省西部，西隔黄河和陕北相望，是著名的革命老区，是革命圣地延安的东部屏障，同时也是晋绥边区首府所在地。

2021年是中国共产党百年华诞，"胸怀千秋伟业，恰是百年风华"。百年来，中国共产党带领全国各族人民前仆后继，顽强奋斗，不断夺取伟大胜利，在中国大地上书写了无数革命精神。北京航空航天大学第二十二届研究生支教团志愿者，把握百年华诞和实践育人机遇，在基层一线锻炼中察国情、学党史、悟精神。

2021年3月，山西中阳分队饮水思源，勿忘老区，重温党史，走进吕梁革命老区。

■ 支教团参观临县陕甘宁晋绥联防军指挥部旧址

## 临县陕甘宁晋绥联防军指挥部旧址

临县陕甘宁晋绥联防军指挥部旧址位于山西省临县，2019年10月被列入第八批全国重点文物保护单位名单。山西中阳分团三名志愿者到临县陕甘宁晋绥联防军指挥旧址游览参观，交流学习。

支教团成员与当地村民热情交流、学习了解党史。村民称赞北航研究生支教团为贫困地区带来优越的教育资源，也对支教团成员寄予厚望，期待研究生支教团能多感受山西当地的人文气息，将来更好地为祖国多作贡献。

■ 支教团与老区村民交流

## 中共中央西北局旧址

1947年8月，中共中央西北局和陕甘宁边区政府奉命东渡黄河，移驻临县，习仲勋为中共中央西北局书记和陕甘宁晋绥联防军政治委员，住在临县林家坪镇南圪垛村，即现在中共中央西北局旧址，亦称习仲勋旧居。贺龙为陕甘宁晋绥联防军司令员，住在与南圪垛村一河之隔的沙垣村；期间，召开财经会议、联席会议、政务会议，动员群众支援前线，出色地完成了统筹后方、支援前线的任务，为保卫党中央、解放全中国作出了很大贡献。

山西中阳分团三名志愿者来到中共中央西北局旧址，学习红色历史，感悟革命精神。

■ 支教团参观中共中央西北局旧址

■ 支教团参观山西碛口古镇

## 山西碛口古镇

碛口古为军事要冲，享有"九曲黄河第一镇"之美誉。在抗日战争、解放战争时期，碛口是华北通往延安的主要运输口岸，当时镇内建有军工厂、军衣厂，为繁荣边区经济，以及解决八路军、解放军物资问题发挥了重要作用。

1948年3月23日，毛泽东等老一辈无产阶级革命家东渡黄河夜宿于碛口，后转到西柏坡指挥了全国解放战争。现镇内保存有毛泽东东渡黄河纪念碑和路居处等。

三处革命老区之行，令支教团成员感慨颇深，受益良多。

本次去吕梁革命老区参观学习，让我深刻感受到革命前辈们为解放全中国作出的巨大贡献，革命前辈们顽强拼搏、艰苦奋斗的革命精神造就了如今的中国，这是我们党不断成长壮大的基因血脉。历史是最好的教科书，今年是中国共产党成立100周年，不断回顾历史、不断总结经验才能始终走在前进的道路上。"志不立，天下无可成之事"，作为研究生支教团一员，我们更要做到不忘初心，做新时代新青年，有理想、有担当，主动承担起新时代的历史责任，不负使命、有所作为！

——山西中阳分团 李汶倩

我们支教队三人利用周末前往临县陕甘宁晋绥联防军指挥部旧址和中共中央西北局旧址革命老区参观学习。站在一栋栋青砖老房子面前，我仿佛回到了20世纪的战争年代，眼前浮现革命战士革命战士们在这里驻扎待命的场景。岁月变迁，建党百年之际的今天俨然已是和平年代，愿我们历史警钟心中长鸣、珍惜来之不易的和平与幸福，时时刻刻为中华民族的伟大复兴去拼搏奋斗。

——山西中阳分团 夏守月

支教之余，我们山西中阳分团一行三人怀着崇敬的心情参观了临县陕甘宁晋绥联防军指挥部旧址、中共中央西北局旧址革命老区。此次红色之旅是一场人生大课，伫立在旧址门前，目睹沧桑巨变，我的心灵受到极大的震撼。旧址为我们后辈展示了一段真实的历史，让我们感受到无数革命先烈为了解放中国所付出的艰辛努力，是他们将中国革命引向了胜利，是他们用鲜血和生命换来了今天的幸福生活。我们应牢记历史，珍惜当下幸福生活，用我们的支教力量让这片土地迸发活力！

——山西中阳分团 李闪

未来，研究生支教团将从团队自身和服务地两方面出发，持续做好思想引领和学习实践，在基层实践中更深刻体会国情民情、感悟党史精神，争做新时代青年马克思主义者。

## 向祖国告白｜组建第一支国旗护卫队

### ——北航人爱国担当的精神火种，将播撒得更广更远

2020年9月28日，周一，宁夏泾源县新民中心小学全校师生列队参加升旗仪式。

这次的升旗仪式，首次由学生国旗护卫队独立完成。在全校师生的注目下，10名六年级学生身着解放军空军仪仗队礼服，迈着坚定的步伐入场并完成升旗仪式全部环节。这支刚刚完成组建的学生国旗护卫队，是由北京航空航天大学研究生支教团指导组建和训练的。

■ 支教团指导组建的国旗护卫队首次亮相

值中华人民共和国成立71周年之际，研究生支教团宁夏泾源分团依托北航国旗护卫队的指导，于新民中心小学建立学生国旗护卫队。新民中心小学国旗护卫队在五至六年级中选拔学生组建，研究生支教团中曾任北航国旗护卫队第十四届分队长的马文清作为主要负责老师，与其他成员一起指导每日两次训练，进行集中理论学习、升旗指导和队列练习等。这支国旗护卫队将承担每周周一及学校重大型活动的升旗仪式等任务，并且这个传统将作为学校常态化工作，不断延续和传承。

■ 国旗护卫队举行升旗仪式

北京航空航天大学国旗护卫队成立于2006年5月4日，是一支以宣传爱国主义、弘扬奉献精神为宗旨的爱国队伍。护卫队的队训是"铁肩担义，任重道远"。护卫队旨在培养同学们爱国主义情感，激发爱国热情，帮助同学树立报效祖国的信念，建立良好的、积极向上的学风。

支教团成员马文清表示："作为北航国旗护卫队的一员，我一直希望能将对国旗的热爱从大学延伸至支教工作当中，因此我在新民中心小学组建该校第一支国旗护卫队，从高年级选拔十几名队员进行高强度的队列训练与爱国主义教育。半个月以来，队员的队列水平和纪

■ 支教团指导进行日常训练

律意识已有显著提高，对国旗的热爱和敬意也更加深厚，希望这群有志少年能秉承对国旗护卫的精神，将这份对国旗的热爱在泾河之源传承下去。"

从初步选拔、完成组建，到训练指导，再到成果汇报、集中展示，北航研究生支教团连续三周组织集中培训的同时，还为每一位护卫队队员制作了全套仪仗队服装、徽章。

整齐的着装、坚定的步伐、响亮的口号……都是孩子们在向祖国华诞献礼，这份告白将北航人爱国担当的精神火种播撒得更广更远。

国旗护卫队的事迹受到了当地师生家长的一致好评，被人民日报海外网、中国网、中国青年网、西部计划官微、北航新闻网等先后报道。

■ 国旗护卫队系列装备

■ 国旗护卫队承担学校日常活动

# 这个月一起"童心向党"

## ——积极参与，厚植情怀，一起迎接建党百年华诞

北京航空航天大学研究生支教团作为传承红色基因的桥梁，始终以习近平新时代中国特色社会主义思想为指引，贯彻落实全国教育大会、学校思想政治理论课教师座谈会精神，面向新时代教学改革和高效育人目标，推进习近平新时代中国特色社会主义思想进教材、进课堂、进师生头脑，积极打造"思政课程"与"课程思政"协同育人的校园文化氛围。

2021年春季学期，宁夏泾源分队牵头开展新民九年制学校"课程思政"文化月系列活动。立足大中小学思政课一体化，发挥北航高校专业素养优势，依托课程示范、专题讲座、手工实践、阅读分享等活动，组织全校学生亲身参与、厚植情怀，"溶盐于物"，"童心向党"。

■ 成员开展"思政课程"与"课程思政"协同育人研讨

### "党史学习教育"专题思政课

研究生支教团开展多场"党史学习教育"专题思政课，针对小学阶段认知水平，为五、六年级300余名学生讲述党的百年发展历程。

■ 支教团成员开展党史专题课堂

### "手工实践，为党祝福"主题活动

团队成员经过前期组织策划、道具准备，针对不同年级学生学情，结合手工课堂形式，面向高、中、低学段学生分别设置不同难度的手工实践任务。

■ 开展"剪党徽、做党旗"手工实践活动

面向全学段学生开展"剪党徽、做党旗"手工实践活动，全校10个班级通过PPT讲解、观看视频等方式学习党的基本知识，认识党徽、了解党徽，400余名学生齐上阵，亲手勾勒、裁剪，深刻认识党徽、了解党史。

面向高年级学段学生，每班选拔学生组成十几个活动小组，开展"中共一大会址"手工实践活动。活动过程中，研究生支教团讲解党的历史，特别是中共一大召开的时间、地点、参会人员、会议内容及精神，鼓励学生们了解中共一大召开的历史背景和历史意义。接着团

■ 开展"中共一大会址"手工实践活动

队成员指导学生组装手工模型。在组装模型的过程中，学生们通过小组合作的方式完成拼装，也更加深刻认识了中共一大会址，了解了中共一大及中国共产党成立的意义。

■ 学生展示手工实践作品

### "建党百年"主题手抄报

支教团组织开展"建党百年"主题手抄报绘制活动，紧紧围绕"红领巾心向党""建党100周年"等主题，并在各班举行手抄报绘制大赛。"少年强则国强"，画笔承载梦想与向往，献礼建党100周年。

### "红色故事"书籍阅读

开展"红色故事"书籍阅读活动，团队购置红色经典儿童文学，五至六年级每班一套（共72本），让孩子们在阅读中了解红色经典和革命英雄故事。

■ 学生设计"建党百年"主题手抄报

■ 开展"红色故事"书籍阅读活动

### "童心向党"红色故事演讲比赛

　　组织开展"童心向党"红色演讲比赛，鼓励学生将自己在书籍里看到的、从家长口中听到的感人红色故事，讲给全校师生。比赛在二至六年级进行，从班内初赛到全校决赛，整个活动精心组织、积极展开，少先队员们的讲述激情洋溢、满怀深情。坚贞不屈、视死如归的刘胡兰、《金色的鱼钩》里的老班长、舍身炸碉堡的董存瑞……一个个革命英雄的事迹引导学生传承文化、爱国奋进，学生在演讲中也体会到催人奋进的精神和道德楷模们崇高的理想、坚定的信念。

■ 开展"童心向党"红色故事演讲比赛

## 系列主题班、队会

在党史学习教育全阶段，研究生支教团充分利用主题班会、队会，开展思想政治学习。从思想品德到党史学习教育、从互动课堂到"互联网+教育"，引领少先队员积极向上，感党恩、听党话、跟党走，争做党的事业的接班人，事迹受到泾源县融媒体中心等报道。

■ 支教团组织开展主题班队会

课堂上，老师用一个个发人深省的历史小故事，给同学们讲解了为什么要学习党史、党史给予大家哪些启示，并与学生互动交流，交流学习心得。面对老师的提问，同学们踊跃发言，纷纷表示要学习革命先烈的崇高品德，弘扬优良传统、坚定理想信念、担当时代重任，感党恩、听党话、跟党走，争做党的事业的接班人。一份份精心绘制的手抄报，表达了少先队员们对党和祖国的热爱之情，是对党和祖国的美好祝愿，是时刻准备着报效祖国的决心。

（来源：泾源县融媒体中心）

近日，记者走进新民乡中心小学录播教室，来自北京航空航天大学的支教老师正在通过网络在线互动设备上党史主题思政课，同时相隔数十里的高家沟小学、王家沟小学五年级的学生同步加入了"课堂"，共享着"互联网+教育"优质教育资源普惠。

（来源：泾源县融媒体中心）

"学史明理、学史增信、学史崇德、学史力行。"研究生支教团将始终找准"桥梁"功能定位，发扬红色传统、传承红色基因。

**扎根西部　仰望星空**

——记北京航空航天大学第二十二届研究生支教团

# 第四篇 科学拓展

　　团队入选"青少年STEM教育计划"科教支教团项目（全国仅25所），指导学生成立科技社团、机器人社团和科学类兴趣小组，开设系列创新实践课程，形成"科教1+1"模式。依托"冯如杯""挑战杯"等优质双创资源，通过亲手做航模、亲手"发火箭"，邀请嫦娥五号副总设计师彭兢等优秀校友开展讲座，打造航空航天模型与实物文化展示区，组织国家重点实验室云参观VRLab体验，"北航四号"探空火箭案例实际讲述，航空航天科普讲团远程授课等，一系列有特色、切实际、重质量的科普活动接连开展，带动西部与北航形成科普基地育人通道，"空天报国"的北航精神正随着支教团的足迹被播撒得更广更远。

# 这一周，播撒航空航天的兴趣种子

## ——北航的支教老师告诉你：航空航天，其实离我们很近

2020年9月11日，习近平总书记在科学家座谈会上指出："好奇心是人的天性，对科学兴趣的引导和培养要从娃娃抓起，使他们更多了解科学知识，掌握科学方法，形成一大批具备科学家潜质的青少年群体。"

2020年12月18日，宁夏固原市泾源县新民中心小学全校师生齐聚操场，共同见证一批"航空航天成果"的"首飞"时刻。

航模飞机上天、火箭模型发射……这些简易的小飞机、小火箭是由新民中心小学四至六年级学生亲手制作完成的，为了集中展示，他们用一周的时间学理论、备实践，信心十足。

■ 航空航天兴趣实践成果展示

为深入学习贯彻习近平总书记关于青少年科技教育的重要指示，积极将志愿奉献融合科学精神，充分发挥专业优势、丰富课外活动、培养科学兴趣，北京航空航天大学研究生支教团在服务地宁夏泾源新民中心小学，开展青年志愿者助力乡村学校少年宫项目，组织为期一周的"航空航天兴趣周"活动，通过科普课堂、视频学习、航模飞机

和小火箭动手实践等形式，营造航空航天浓厚氛围，分享航空航天科普知识，传递航空航天崇高情怀。希望在活动中启蒙青少年科技兴趣、锻炼学生动手实践和团队合作能力，将航空航天精神火种播撒到更多孩子的心中。

### 多维开展：科普知识学习

"什么是'航空''航天'""飞机是依靠什么原理飞上天的""宇宙中有什么值得人类去探索"……对于孩子们来说，每一个问题都是一块新奇知识领域，支教团老师的生动讲解让孩子们内心好奇的种子生根发芽。

■ 支教团组织开展科普知识课程

■ 支教团组织观看科普视频

支教团教师通过面向高年级学生组建兴趣小组，开设"航空知识科普""航天知识科普"等模块，集中讲解航空航天技术和发展概况，同时组织观看徐惠彬院士的《打造中国航空发动机叶片"金钟罩"》公开课、戚发轫院士的央视《一堂好课》航天课、欧阳自远院士关于火星探测的科普演讲等，分享科学知识，培养学生科学兴趣。

■ 学生动手实践

### 互动载体：动手创新实践

在科普知识之外，兴趣周开设动手创新实践活动。分为航空实践和航天实践两部分，由支教团教师负责讲解、指导制作，学生分组合作完成并集中进行飞行展示。

航空部分的动手实践活动面向四、五年级，依托青少年航空模型推荐器材——橡皮筋动力飞机模型为载体，7个小组分工合作，结合教师讲解、步骤说明进行动手制作并进行飞行验证。

■ 航模动手实践

航天部分的动手实践活动面向六年级，依托全国航空航天比赛模型火箭套材——"东风一号"伞降模型火箭为载体，6个小组根据要求完成从制作到准备发射的各个步骤。

■ 小火箭动手实践

兴趣小组学生按照三人一组团队分工，充分利用活动时间共同完成航模飞机和伞降火箭的制作。

"看！这是我们亲手完成的飞机！""我要为我们的火箭起一个好名字！"一步步操作，一点点调整，每一件作品的放飞，不仅仅是手工实践的成果，更怀着学生们心中的梦想与希望。

■ 学生动手实践

## 讲述文化：传递空天情怀

中国的科技发展历程是航空航天人的一部奋斗史，本次活动希望能引导学生在课堂传授中学习知识、在聆听故事中感悟精神。

支教团老师利用课堂，通过组织学习"东方红一号"的故事、观看航天员王亚平中国首次太空授课等形式营造浓厚的航空航天氛围。

活动受到校团委、宇航学院航天宣讲团和"北航四号"团队的鼓励与支持。兴趣周活动为孩子们讲述"北京一号"到"北航四号"的故事、教授他们学习北航原创大型音乐剧《罗阳》中的歌曲《把青春留在这里》等。讲好空天报国的生动故事，弘扬科学创新的内在文化，传递爱国奉献的精神火种。

■ 学生观看视频课程

一周的时间，从筹备组建到成果展示，系列课堂实践活动令学校师生感到收获颇丰。

新民中心小学校长禹文奇表示，学生们在本次活动中兴趣浓厚、收获满满。科普知识和动手实践活动开阔了孩子们的视野，培养了他们对航空航天科技的兴趣，锻炼了他们动手实践和团队合作的能力。希望每一位同学能始终保持这份求知探索的热情，在今后的学习中取得更大的进步！

北京航空航天大学研究生支教团团长、宁夏泾源分队队长张晓磊表示，作为航空航天专业学生，找准研究生支教团定位，将专业知识和情怀融入岗位服务中，始终是他们的追求。希望通过这次活动能让孩子们在浓厚的航空航天氛围里培养科学兴趣，激发他们求知好学的动力，成为国家和民族未来的栋梁之材！

参与活动的六年级（3）班学生马旭东表示，在这次航空航天兴趣周活动中，他学到了很多。火箭升空的那一刻，让他更加迷恋科学。在

■ 航空航天兴趣周活动合影

往后的日子里，他会更加努力学习，将来造真火箭，为国争光效力！

　　未来，北京航空航天大学研究生支教团将继续挖掘和利用优势资源，打造创新拓展平台，丰富支教服务形式，为做好志愿工作、收获无悔青春接续奋进！

# 逐梦 | 总师校友助力，航空航天文化节开幕

## ——向往蓝天，向往未来，航梦新缘，扬帆起航

　　为了进一步发挥研究生支教团的独有优势，传播学校航空航天的特色，成员在教学活动中加入了诸多航空航天的相关内容，以"教室授课+现场参观+实践放飞"的模式向孩子们普及航空航天知识，从小开始培养孩子们对于航空航天的兴趣，厚植空天情怀。

■ 支教团与航空航天文化节出席领导合影

　　2021年5月14日，为庆祝中国共产党成立100周年，在小学生中播种航天梦的种子，厚植"空天报国"的北航精神，北京航空航天大学研究生支教团新疆吉木萨尔分队与吉木萨尔县第三小学共同举办了"百年建党史，筚路航天情"航空航天文化节。文化节结合优秀航天人艰苦奋斗的历史故事，以及峥嵘岁月中的科技发展历程，向学生们介绍我国航空航天发展史和重要的飞行器知识。

在北航新疆校友会、自治区科技厅、吉木萨尔县政府的支持下，邀请到多位专家、领导，与三小师生共同见证文化节开幕。参加的专家和领导名单如下。

| | |
|---|---|
| 新疆维吾尔自治区科技厅科普中心主任 | 朱光辉 |
| 北航新疆校友会会长 | 王献昉 |
| 新疆腐蚀与防护协会书记 | 刘 艇 |
| 新疆维吾尔自治区民航局适航处主任 | 杨国运 |
| 南方航空新疆飞机维修基地专家 | 石伟利 |
| 吉木萨尔县副县长 | 李星辰 |
| 吉木萨尔县人民政府教育督导室主任 | 臧保同 |
| 吉木萨尔县科技局党组书记 | 赵玉刚 |
| 吉木萨尔县团委副书记 | 李婵月 |

此外，特别邀请到北航优秀校友、嫦娥五号副总设计师彭兢为孩子们现场授课，讲述他在兵团的成长历程，以及嫦娥五号从论证、设计到发射的奋斗岁月。

■ 航空航天文化节师生合影

开幕前，与会领导师生共同参观校园建设，了解三小科创特色，参观由新疆鑫友航新材料科技有限公司以及北航爱心师生共同捐赠打造的"航梦新缘"航空航天文化展示区。

移步操场，小学生为到场的专家、领导们庄严地佩戴上红领巾。一声"3，2，1，发射"，师生共同按下学生动手制作的小火箭模型发射按钮。随后，由吉木萨尔县副县长李星辰宣布："百年建党史，筚路航天情"航空航天文化节正式开幕。

■ 航空航天文化节会演

"你把中华飞天的神话，写进宇宙。""沿着你走过的航线，飞向未来，飞向明天。"

"东方红像金梭，霞光万道织锦缎；神舟像飞剑，云海千层一瞬穿。天宫像丰碑啊，巍巍屹立入云端！"

回望峥嵘岁月、英雄伟业，学生们用稚嫩又坚定的声音诠释追逐梦想、向往蓝天的情感，合唱航空航天梦主题歌谣《我多么羡慕你》。师生代表们用铿锵有力的声音进行诗朗诵《峥嵘岁月，逐梦九天》。

■ 航空航天文化节领导致辞

吉木萨尔县副县长李星辰向远道而来的各位专家、领导表示热烈的欢迎。他谈到，翱翔九天，是人类永恒的梦想，衷心感谢彭总师、北航研支团及新疆校友会，能够共同为三小的孩子们奉上一堂科普盛宴。他嘱托同学们一定要心中有梦想，珍惜此次活动机会，树立尊崇科学家的人生价值观，争当新时代开拓创新的先锋。

新疆维吾尔自治区科技厅科普中心主任朱光辉向长期以来关心支持新疆科技事业发展的北航校友，表示热烈的欢迎和衷心的感谢。他谈到，中国科技事业在党的领导下，走出了一条中国特色科技创新之路，在建党百年的特殊时间节点上举办此次活动，有利于激发青少年崇尚科学、探索未知、敢于创新的热情，培养青少年投身于科技自立自强的远大志向。

北航校团委书记庄岩虽远在北京但仍心系本次活动，他通过视频讲话，表达了对本次活动的祝贺，并感谢大家对北航研究生支教团一直以来的大力支持。他表示，本次航空航天系列活动以及捐赠活动的举办将空天情怀、奉献精神传承和弘扬在西部大地上，他祝福可爱的孩子们早日茁壮成长为祖国的栋梁之材，为祖国的科技创新贡献力量。

■ 北航校友、嫦娥五号副总设计师彭兢专题知识讲座

## 总师校友播种航天梦

在"百年建党史，筚路航天情"航空航天文化节上，北航优秀校友、嫦娥五号副总设计师彭兢为孩子们带来了专题知识讲座。彭总师

为大家讲述他们艰辛"追月"的故事："小的时候，我最大的爱好就是看书，连队里每家每户的新书都被我翻看过。"质朴的话语激励着每一名成长中的孩子，也感动着在座每一位热心教育的人士。他通过动画的形式为孩子们讲解嫦娥五号的各个部分，以及探月工程"绕、落、回"三个环节的动态过程。最后，他将嫦娥五号签名首日封赠送给三小的孩子们，嘱托他们心怀梦想，踏实成长。在场的孩子们都深受打动，决心以更加饱满的力量投入到接下来的学习生活当中。

### "航梦新缘"航模展示区

校友企业新疆鑫友航新材料科技有限公司联合北航爱心师生，共同为学校捐赠打造了价值五万元的"航梦新缘"航空航天文化展示区，首次将航空航天文化氛围营造在吉木萨尔这片土地上。在这里，无论是歼系列战斗机、C919、运-20、空警-2000，还是神舟十一号、天宫二号、长征五号、嫦娥五号，都从荧屏走向了现实。支教团带领孩子们观看这些模型，结合模型讲授每一个型号背后的故事，让孩子们通过亲眼看、亲身感受，体会我国航空航天事业发展过程的艰辛与不易。

■"航梦新缘"航空航天文化展示区

### "航梦缘起"兴趣小组

"纸上得来终觉浅，绝知此事要躬行。"支教团希望在支教过程中帮助孩子们了解国家高新技术的发展、感受科学前沿技术，帮助他

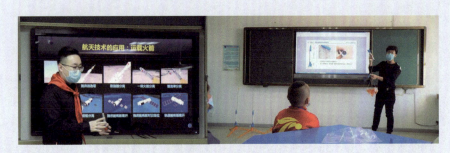

■ 航空航天兴趣课

们认识世界的丰富与多彩，产生对于科学的好奇与向往。

团队开设航空航天兴趣课程，选拔二至五年级各30名、全校共120名成绩优异、实践能力强、爱好科学知识的学生进行集中授课，将科学启蒙知识和航空航天历史以视频、讲座、动手实践等方式带入校园。同学们在兴趣课程中开阔了眼界，许多同学都说自己将来想成为航天员、科学家。课程内容涵盖了人类航空航天的历史、飞机飞行的简单原理、航空航天的英雄人物等。团队成员结合自身所学的知识和经历，与孩子们分享了航空航天故事，孩子们对此特别感兴趣。

### "航行蓝天"航模试飞

为锻炼学生动手能力，拉近飞机、火箭、无人机等飞行器与学生

■ 航空航天动手实践活动

的距离，支教团带领各个年级动手操作能力较强的学生进行无人机试飞；组织高年龄段学生自主拼装、集中观摩发射小型火箭，感受火箭升空的神奇；组织低年龄段学生动手制作弹力小飞机与小航模，进行飞行比赛，引导学生思考飞机飞行的秘密。

### 吉木萨尔三小—北航附小中国航天日主题队会课

2021年4月24日（中国航天日）前夕，支教团队作为纽带，积极促进北航附小与实践地学校吉木萨尔县三小之间建立"手拉手"关系，共上一堂航天主题队会课。北京与新疆的学生们隔屏互动，分享各自的航空航天梦。"我想在太空中踢足球""我想在宇宙外面安个家""我想乘坐自己制作的火箭，去月球上看看有没有外星人存在"……孩子们天马行空的梦想里充满了对宇宙的无限好奇。

■ 2021年4月24日《央视新闻》报道

主题活动在中国航天日当天被《央视新闻》报道，中国工程院院士陈懋章给孩子们寄语，希望同学们能够将来立志，能够在这个领域为我们国家作出更大的贡献。

### "航语问道"知识竞赛

为培养学生学习航空航天知识的兴趣，提高学生航空航天科普知识的储备，培养学生的科技创新精神，检验航空航天兴趣小组的教学成果，团队在实践地学校举办航空航天知识竞赛。

航空航天兴趣小组面向四、五年级学生组织笔试初赛。笔试内容源于兴趣小组平时授课内容及航空航天基本常识，同时赛前为学生发放知识竞赛题库便于学生复习记忆。通过该活动，孩子们对于航空航天知识有了更多了解，对于航空航天相关内容的兴趣也不断提升。

# 《吕梁日报》报道|这一年,如何"玩转"科普教学

## ——为学生们发光发热的闪耀恒星

2021年8月12日,山西省一级报纸、中共吕梁市委机关报《吕梁日报》第01版:要闻报道北京了航空航天大学研究生支教团事迹。

一年时间,跨越700公里的缘分,如何让更多的青少年心怀科学梦想、树立创新志向?以科普教学为"抓手",第二十二届研究生支教团山西中阳分队有自己的答案。

### 让课堂成为滋润科学精神的沃土——北航支教在中阳

一端在北京,一端在中阳,搭建、连接、测试、联网、开机,经过一系列直播操作,北京航空航天大学校内实验室演播厅实况转播到山西中阳的高中课堂,具有颠覆性的虚拟现实技术让同学们兴趣大增,实时交互的增强现实画面让同学们惊呼神奇,这是北航研究生支教团携手虚拟现实技术与系统国家重点实验室为中阳几百名学生带来的一场线上VR科普体验课。这样类似的以科普为核心的特色课程在支教团已经数见不鲜。

■ 线上 VR 科普体验课

扎根西部　仰望星空
——记北京航空航天大学第二十二届研究生支教团

**吕梁日报**
LVLIANG RIBAO

中共吕梁市委机关报　　吕梁日报社出版

中共吕梁市委主管主办　邮发代号：21—28　吕梁新闻网www.sxlnews.cn

2021年8月
**12**
星期四

国内统一连续出版物号：
CN14－0028
第10388期
今日8版

# 习近平给"国际青年领袖对话"项目外籍青年代表回信

# 生态吕梁唱响幸福生活主题曲

□ 实习记者 王卫斌

## 奋斗百年路 启航新征程

### 小康圆梦

**清新空气扑面来**

**绿水碧波漾东城**

## 奋斗百年路 启航新征程

学党史 悟思想 办实事 开新局 先进典型

□ 本报记者 刘少伟

# 同心同向为民生

——兴县『我为群众办实事』实践活动综述

**学史力行 让爱下听民声倾民忧**

**奋力履行 切实解决群众所盼所想**

# 让课堂成为滋润科学精神的沃土

——北航支教在中阳

□ 李汶倩

# 市直机关道德讲堂总堂第46期举办

□ 本报讯（读书破万卷，下笔如有神）

（下转2版）

■2021年8月12日《吕梁日报》第01版

"支教老师就是一颗一直能为学生们发光发热的闪耀恒星。"这是刚刚在中阳结束服务工作的支教团成员的感悟心声。作为派遣五年来，首批在中阳一中和中阳职中任教的支教团队，过去的一年，3名成员除承担共计12个班级每周50课时的数学、物理、化学科目外，还针对学科教学特点，积极发挥专业优势，找到了科普教学这一创新"抓手"。

这一年，支教团在中阳一中和中阳职中开办科技社团，为两所中学师生带来了十余场包括科普知识、科技实践、科学精神等在内的系列专题活动，积极将优质科教资源辐射到贫困地区，启迪偏远山区青少年的科学思维，"讲科学、爱科学、学科学、用科学"的内涵在支教团的感召下逐渐丰富起来。

### 1. 整合资源渠道，组织科普实践

支教团申报入选中国科协"青少年STEM教育计划"科教支教团项目，针对学生实际遴选高校优质"科教资源包"，充分结合学科授课实际，形成"科教1+1"模式，打造一周科普理论知识、一周学生实践操作的体系。支教成员紧扣生活与课本知识内容，通过日地月三球仪、自制吸尘器、抽水机、水果电池、太阳能汽车等各类小制作，将课堂知识与实践相结合，锻炼学生动手能力，培养学生科学兴趣。

■ 学生进行科普动手实践

### 2. 发挥专业优势，开展科普教育

支教团注重将成员专业素养和工作业务覆盖有效结合，倡导课内

课外知识联动、专题课与拓展课相结合，在科普教育中体现浓厚的航空航天元素，累计开展《打造中国航空发动机叶片"金钟罩"》《嫦娥五号首次月面采集》等专题课程，组织学科生涯规划、空天精神分享等系列讲座，追求通过多元化的教学和多样性的课程丰富"STEM教育"内涵，打造特色鲜明、针对性突出的教学框架。

### 3. 打通平台渠道，丰富科普形式

支教团把握定点扶贫优势，发挥北航科普教育基地作用。协同北航集成电路科学与工程学院共同举办"教授进中学"主题讲座，覆盖基础学科、科技前沿和思政教育等，显著提升科普成效；与虚拟现实国家重点实验室达成合作，开展"云参观VRLab"主题活动，线上组织虚拟现实科普体验课；与北航航空航天科普讲团携手，举办航天科技与发展线上讲座等；依托"冯如杯""挑战杯"等优质双创资源，学生航模队、宇航协会等社团组织，带动中阳与北航形成科普基地育人通道。

### 4. 多维激励帮扶，促进内涵提升

支教团结合当地科技社团指导作用，创造性地完成了包括数学、

■ 开展专题科普课

■ 系列线上线下科普讲座

物理、化学、生物、天文等各类趣味实验及基础科学知识、科学家名人传记等在内的图书配置，填充学生科普理论知识需求。同时打造文化品牌，定制专属文化衫、手环及特色纪念小礼物等，对增进学生兴趣、激励科普作用有效提升。

一年时间，跨越700公里的缘分，一系列有特色、切实际、重质量的科普活动的举办，让更多的青少年心怀科学梦想、树立创新志向。研究生支教团作为北航与中阳连通渠道的一环，见证了大批志愿实践团队扎根奉献，见证了多个实习实训、社会实践基地共建共享，见证了越来越多青少年志存高远、开拓创新的奋斗航向。

■ 科普书籍　　　　　　　　　■ 支教团与科技社团合影

如今，新一届研究生支教团接力启航，滋润科学精神的课堂故事正在继续书写！

## 连续三天|这场趣味运动会有亮点，有温度

### ——春回大地，知识与梦想再度起航

2020年1月，团中央青年志愿者行动指导中心、中央文明办三局发出拟支持中西部地区基层团组织、青年志愿者协会示范实施"助力乡村学校少年宫建设"项目的公告后，累计收到130个县级团委、青年志愿者协会的申报材料，经资格审查和专家评审，决定支持其中50个县级团委、青年志愿者协会作为示范实施单位。50家示范实施单位已招募、组建了145个青年志愿者团队，与250所乡村学校少年宫所在学校建立结对关系，将于2020年6月开始示范开展为期一年的相关志愿服务活动，以带领更多青年志愿者团队参与到"助力乡村学校少年宫建设"工作中。

■ 支教团与学生合影

其中，北京航空航天大学研究生支教团与泾源县新民乡中心校乡村少年宫结对入选2019—2020年度青年志愿者"助力乡村学校少年宫建设"项目示范实施单位。

北航研究生支教团始终关注农村儿童教育发展的突出问题，并且积极配合当地教育部门探索促进现代山区儿童身心健康发展和提高学生知识技能的新方法。为促进城乡教育均衡发展，作为补充学校师资的重要力量，北航研究生支教团始终将协助学校加大农村未成年人课外活动场所建设力度，不断丰富农村未成年人的精神文化生活，提高农村未成年人的整体素质作为自己的重要职责，并逐步形成完备的建设体系。

以2020—2021年春季学期开展的校级大型活动——航空航天趣味运动会为例，研究生支教团充分发挥素养优势，引进活动资源，推进青年志愿者"助力乡村学校少年宫建设"，在服务地新民乡九年制学校组织开展为期一周的航空航天趣味运动会活动。

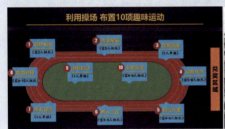

■ 航空航天趣味运动会场地布置　　　　■ 参加活动学生合影

由团队成员筹备组织，充分利用学校操场，购置户外实践道具，布置10项特色素质拓展活动，用三天时间组织全校10个班级400余名学生分批参与，通过"参与游戏项目—完成打卡任务—领取对应奖品"的形式进行，将户外体育锻炼、课余实践活动和特色礼品奖励有效结合，锻炼学生动手实践和团队协作能力，丰富校园体育文化活动。

活动项目兼顾趣味性和运动性。

■ 项目一：鹊桥相会　　　　　　■ 项目二：流浪星辰

■ 项目三：筚路蓝缕　　　　　　■ 项目四：同舟共济

■ 项目五：航行万里　　　　　　■ 项目六：两人三足

■ 项目七：摸石过河　　　　　　■ 项目八：轨道转移

扎根西部　仰望星空
——记北京航空航天大学第二十二届研究生支教团

■ 项目九：滑移机动　　　　　　　■ 项目十：车轮滚滚

　　十项特色趣味活动，均以学生为本，陪伴他们健康成长。活动为每位同学发放一张入场券，完成对应趣味项目后，负责老师进行盖章打卡。活动为孩子们准备了《航空航天》精美科普图书、小飞机钥匙扣、宇航员挂件、课堂笔记本等奖品，完成项目数越多，兑换奖品也更精美、更丰厚。

■ 学生领取奖品

　　唱起来、跳起来、玩起来、笑起来。这三天，乐趣多多，收获满满，寓教于乐，学生也在中不断进步。

# 六一儿童节 | 研究生支教团怎么过

## ——"不想长大"的研究生支教团志愿者们

适逢建党百年华诞，2021年6月1日，在这个属于孩子们的节日里，"不想长大"的研究生支教团志愿者们和小朋友们怎样过六一？

■ 六一儿童节支教团成员与学生合影

■ 六一儿童节支教团成员与学生合影

　　2021年6月1日，北航研究生支教团多个服务地小学围绕"童心向党·礼赞百年"等主题，开展主题队会、评奖表彰、文艺会演等系列活动，在中国共产党成立100周年之际，隆重庆祝第71个六一国际儿童节。让孩子们在分享节日快乐的同时，接受到浓厚的爱国主义教育，树立正确的价值观、人生观、世界观，德、智、体、美、劳协同发展，进一步树牢感党恩、听党话、跟党走的坚定信念，努力成长为合格的社会主义接班人。

■ 支教团各服务小学组织六一儿童节活动

　　吉木萨尔县第三小学"民族团结一家亲·童心向党·百年礼赞"庆六一活动

　　吉木乃县直小学"童心向党·礼赞百年"庆六一活动

　　新民乡九年制学校"童心向党·礼赞百年"暨庆祝六一国际儿童节主题活动

### 入队仪式：开启新航程

火红的队旗高高飘扬，鲜艳的红领巾系满理想，小小少年郎，传递薪火永不忘。

一年级小朋友光荣地加入了少先队这个大家庭，高年级的哥哥姐姐为他们戴上鲜艳的红领巾，互敬队礼，并在鲜艳的队旗下宣誓："准备着：为共产主义事业贡献力量。"

■ 各服务地入队仪式

### 文艺会演：我们的节日

载歌载舞庆六一，充满活力的节目里热情洋溢着一张张笑脸。今天，我们都是孩子！

■ 新民乡九年制学校文艺会演

■ 吉木乃县直小学文艺会演

■ 吉木萨尔县第三小学文艺会演

每一个精彩的节目，都饱含立志茁壮成长的动力，饱含对祖国的热爱和对党的祝福。丰富多彩的文艺活动，诗朗诵、武术、小品、串烧、合唱、舞蹈……激情洋溢，载歌载舞，孩子们倾情展示才艺，放飞童年和梦想，他们充满童趣而又形式丰富的演出，感染着现场所有师生和家长。

在六一儿童节当天，新疆吉木乃分队将湖北恩施小朋友的爱心捐赠——400个本子、260支铅笔，传递给吉木乃县直小学一年级全体学生，鼓励孩子们好好学习，天天向上。

■ 新疆吉木乃县直小学给湖北恩施小朋友的感谢信

## 表彰先进：进步的收获

在这个难忘的节日，各学校举行颁奖

表彰仪式，对"三好学生""优秀少先队员"等表彰奖励。

■ 各服务地举行颁奖表彰仪式支教团

新疆吉木乃分队成员王显菲班级学生，获阿勒泰地区篮球比赛第一名、校级优秀班干部等多项奖励

宁夏泾源分队成员张晓磊、靳树梁班级学生，获泾源县学生运动会多个项目奖励，以及校级三好学生、优秀学生干部等多项荣誉

除此之外，各服务地支教志愿者工作突出，多人次获各项荣誉表彰。

■ 支教团成员获评各项荣誉奖励

■ 支教团与学生共庆六一儿童节

## 怀揣梦想：一起共成长

童真、童心、童趣，这是孩子们的声音。

童年的记忆回味无穷，青春的征途永不停歇。创意大舞台，人人是主角，希望每个孩子都在欢乐中收获成长。

在这帮孩子们人生的第一个毕业季之时，送上蛋糕与定制铅笔，希望孩子们永远带着少年的意气风发走向更广阔的人生征途！

——新疆吉木萨尔分队 阿茹娜

■ 支教团成员为学生准备的节日礼物

### "我有个小梦想"

在山西，六一儿童节这天，研究生支教团山西中阳分队成员和驻村第一书记张健睿一同前往与北航结下深厚缘分的许乐乐同学家中探望。

许乐乐是山西中阳县阳坡村唯一的留守儿童，父母离异，父亲长年在外务工，乐乐从小就跟爷爷奶奶相依为命。许乐乐天生患有唇腭裂，曾经依靠基金免费做了两次手术。但由于没有人专心引导锻炼，他6岁时只会叫"爷爷奶奶"，更不会数数识字；许乐乐的奶奶患有胆囊癌。

在时任中阳县挂职副县长李建伟的组织下，北航师生校友募集善款20余万元为乐乐和他的奶奶治病。从阳坡村到中阳县，到吕梁市，到太原，再到北京，历任挂职干部持续对许乐乐一家进行帮扶，安排乐乐奶奶在北京、汾阳等地检查治疗胆囊癌数十次。

■ 支教团成员与驻村第一书记张健睿一同探望许乐乐同学

"今天六一儿童节，我要去找附近的小伙伴一起出去玩，帮忙一起卖货赚钱。"

刚进院中，便看见今年正读一年级的许乐乐小朋友正拎着沉沉的垃圾桶打扫卫生，见到支教团到来，乐乐兴奋不已。

"乐乐，你平时在学校最喜欢什么科目呀？"

"我喜欢数学！"

"诶？好多小朋友觉得数学难学，那你觉得数学难吗？"

"一点也不难。"

喜欢拍照的乐乐也有个小梦想，他悄悄跟支教团成员李汶倩说："我喜欢车，我以后也想开车。"

■ 支教团成员与许乐乐同学合影

希望以后的某一天，他可以驾着汽车带着希望，去寻找下一个属于自己的梦想。

在六一国际儿童节到来之际，中共中央总书记、国家主席、中央军委主席习近平5月30日给江苏省淮安市新安小学的少先队员们回信，对他们予以亲切勉励，并祝他们和全国小朋友们节日快乐。

孩子是祖国的未来和希望，让所有儿童快乐幸福地成长，是我们的愿望，也是我们的使命！和北航研究生支教团一起，牢记习近平总书记的嘱托，教学育人、志愿帮扶，让孩子们的笑容更加灿烂！

第五篇  温暖汇聚

　　一年时间，多类公益活动支持当地育人扶贫工作，关爱贫困学子成长。入选青年志愿者"助力乡村学校少年宫建设"，民法典、航空航天宣讲团等系列关怀辅导，积极共建"北航—泾源"大学生社会实践基地，按计划开展北京游学活动。为实现校地资源的有机结合和优化配置，发起"你的心愿我来圆"活动，达成宁夏南部山区乡村小学贫困学子206份新年心愿礼物；开展"航予新愿"图书募集，收到校内师生及社会爱心人士1000余本捐赠书籍；调动团队奖助学金、拉动企业支持等2万元，无偿捐赠新疆吉木萨尔县第三小学全学科科学课程器材；联络社会公益组织，资助宁夏乡村小学全校所有班级建设图书角，收到共计约2000本优质图书；收到校内外爱心人士文具用品、模型实物、文化服装等大批物资；组织"纸短情长·心系西藏"书信活动等，牵引教育资源、物质支持和人文关怀。

# 你的心愿我来圆 | 206份新年礼物，从北京送来

## ——愿你们看到更大的世界，愿你们有个光明的未来

2020年12月，在国际志愿者日来临之际，第二十二届研究生支教团在宁夏泾源开展"你的心愿我来圆"活动，收集新民中心小学学生的新年愿望，由校内师生达成心愿并统一寄送。点点微光，成就梦想。在新年之际，206个彩虹一般的心愿，206份温暖的新年礼物，从北京到泾源，全部送达新民中心小学。

■ 从北京寄来的礼物

■ 礼物发放仪式

2020年12月25日，新民中心小学10个班级200余名相关师生列队举行"你的心愿我来圆"礼物发放仪式。泾源县团委副书记伍月，新民中心小学校长禹文奇、副校长张伟，泾源县青年志愿者协会，第二十二届研究生支教团宁夏泾源分队等相关人员参与活动。活动由研究生支教团团长、宁夏泾源分队队长张晓磊主持。

■ 研究生支教团张晓磊主持活动　　　■ 泾源县团委副书记伍月讲话

研究生支教团团长张晓磊首先为学校师生介绍本次活动的举办背景，讲述北航的各位"哥哥姐姐"对孩子们关爱的初衷，并通过视频回顾学校从收集到达成心愿的历程，分享校内师生对孩子们的书信寄语，勉励同学们要心怀感恩、健康成长。

泾源县团委副书记伍月表示非常感谢研究生支教团和广大爱心志愿者的温暖善举，希望同学们能不负每一位哥哥姐姐的关心，收获一件礼物更是收获一份感动、一份阳光、一份鼓励。她寄语孩子们接受这份爱的同时，更要传承好这份爱，在未来的成长中心怀感恩、努力进步，将来成为一个对社会有用的人，为更多人播撒温暖与力量。

■ 礼物发放

扎根西部　仰望星空——记北京航空航天大学第二十二届研究生支教团

"无论何时何地，都有一群牵挂着你们的哥哥姐姐……"随后，各位志愿者共同按照班级分组和心愿编号，有序发放礼物。

一本崭新的词典、一个梦寐的篮球……

一套精美的彩笔、一件新奇的玩具……

"看，我们都收到了礼物！"

愿这些能给孩子们带去温暖与快乐，见证孩子们长大的新一岁。

■ 学生领取到礼物

### 回顾：如何实现这些心愿

2020年活动启动以来，研究生支教团坚持高效率、高质量推广，依托两校区线上线下并行，各院系200余名师生响应，校团委、学生工作部、人文学院等积极支持，不到四天全部心愿认领完毕。

#### 1. 心愿卡收集

研究生支教团志愿者面向新民中心小学一至六年级10个班共206名学生征集心愿卡片，统一编号整理后，留存电子照片同时寄送至北航。心愿内容包括体育用品类（篮球、滑板、运动鞋等）、学习用品类（书包、学习大礼包、钢笔彩笔等）、课外书籍类（四大名著、《唐诗三百首》、词典等）、玩具类（芭比娃娃、玩具汽车等）等。

■ 学生自主设计心愿卡片

■ 校内推广

### 2. 两校区实现

由校团委指导，蓝天志愿者协会完成对心愿卡片的分类录入，线

上发布宣传图文、设计海报、报名问卷，线下学院路和沙河两校区同步进行外场活动，依托"12.5"志愿者日嘉年华系列活动多维度推广，号召师生关注参与。同时同步开启心愿礼物收集通道，两校区设置专门收集点，安排值班人员和线上收件人员，及时接收每一件礼物。

校内活动受到校团委、学生工作部、人文社会科学学院等单位的大力支持，协助完成线上推广的同时，协调学院整体对接认领心愿。最终，200余个心愿在不到四天时间全部认领完毕。

### 3. 完成统一寄送

经过两周的礼物购置准备、收集编号和汇总整理，206份礼物由两校区各个院系汇聚，打包成14个包裹，第一时间由北航寄送至宁夏。

■ 礼物寄送

## 寄语：我想对孩子们说

感谢每一个默默守护心愿的人，时光会记下你们播种的温暖与希望。

在心愿那一端的"圆梦人"，也有太多的感动、太多的故事。

有一个小哥哥完成了一位小朋友"一块手表"的心愿。准备了精致的包装：盒子外面套了精心设计的绿色纸袋，上面有着精美的白色装饰……

有一对小哥哥小姐姐实现小朋友"一个书包"的心愿，他们在全

■ 实现心愿并写下寄语

新的书包里塞了满满一包的文具……

有一个小姐姐送了小朋友一套崭新的四大名著，里面附上了她亲手写的几句话，希望能鼓励小朋友好好学习、天天向上、追求进步……

■ 心愿寄语卡片

■ 为孩子们写的公开信

除此之外，富有爱心的哥哥姐姐们为206名孩子一起写了几封信。因这场善意之旅，遥远又陌生的两个人，终会因为一句句深情的鼓励，在彼此的生命里留下温暖而纯真的印记。

点亮心愿，千里圆梦。"你的心愿我来圆"活动始于2012年，由北京航空航天大学第十四届研究生支教团创立。通过挖掘和打通校内外志愿公益渠道，收集支教团服务地小学留守儿童、贫困学子和优秀学生新年心愿，依托校团委等单位支持，将心愿卡通过外场、线上进行宣传，鼓励校内师生为偏远地区孩子达成心愿并统一寄送发放。现活动已扩展至新疆、宁夏、西藏等省区的多个县市，累计为上千名孩子实现心愿，数额近十万元，成为研究生支教团品牌活动。

# 航予"新"愿 | 千本书籍集结完毕

## ——为西部地区的孩子"圆一个阅读梦"

春回大地，草长莺飞，每一份爱心都会如期而至。传递爱心、传递梦想、传递幸福，捐助一本图书，走过3000公里，用书香迎接孩子们的未来。

■ 千本图书完成收集

2021年4月2日下午，北京航空航天大学—吉木萨尔县第三小学"航予'新'愿"图书捐赠仪式顺利举行。三小校长冉玲玲、工会主席牛东蓓、团支部书记张亚平和北航研究生支教团新疆吉木萨尔分队及学生代表出席捐赠仪式。

会议伊始，吉木萨尔县第三小学校长冉玲玲致辞，对北航研究生支教团捐赠图书的善举表示衷心的感谢。她谈到，这批图书开阔了学生探索科学领域的眼界，为青少年的茁壮成长提供了健康的精神食粮，具有培养人、教育人、引导人的重要意义。此外，她结合本次活

■ "航予'新'愿"图书捐赠仪式

■ 吉木萨尔县第三小学校长冉玲玲致辞　　■ 北航校团委副书记丁瑞云视频讲话

动教育学生把滴水之恩化作自强不息、奋发学习的动力,用行动回报社会各界的关心和支持。

　　北航校团委副书记丁瑞云视频讲话,远在北京的她深情谈到,北航与吉木萨尔县三小八年来累计30余人的支教项目,已经架起了两所学校爱的桥梁,共同传播着知识和希望。她期待着三小的同学们以此为动力刻苦学习、练好本领,走出新疆,走向全国,在广阔的天地建功立业。

　　随后,双方进行爱心捐赠。

　　北航研究生支教团新疆吉木萨尔分队队长冯琨介绍了捐赠图书及使用情况,2020年航予"新"愿图书募捐活动,共收集图书1000本,涵盖科普、童话、散文、小说、绘本、名著等十余类少儿书籍,低年级绘本、中年级科普故事、高年级小说均涵盖在内。其中,参与图书

■ 双方进行爱心捐赠

■ 研究生支教团冯琨介绍捐赠情况　　　■ 捐赠人代表史雁南视频发言

捐赠、整理搬运、收集记录的北航及社会爱心人士来自全国7座城市，共70余人。

　　捐赠人代表北航2016级毕业生史雁南视频发言，她分享了在个人的成长过程中，经常在书中领略到外面多姿多彩的世界，鼓励同学们不断地发掘、发现自己的兴趣，感悟书中丰富的故事和不一样的人生，珍惜读书的机会，从书中获得精神上的激励和支持。

　　最后，参会师生共同观看学生感谢视频《感恩·传承》，腼腆的笑容，传递着真挚的谢意；灵动的眼睛，表达着深埋心底的悸动。在一句句感恩、感谢中，同学们不仅有着收获知识的喜悦，更种下了一颗颗感恩的种子。

■ 学生感谢视频《感恩·传承》

## 诉说千余图书的3000公里历程

书浩浩，路迢迢，1000本书的3000公里历程，彻底温暖了这座北国之城。

■ 图书募集流程

2020年12月8日，图书募捐推送发布，一经发出，反响热烈，被全国项目办"西部志愿汇"等多处校内外平台相继转发。

2020年12月13日，图书收集正式启动，北航、新疆吉木萨尔两个线下收集点启用，北航教师、两校区学生、社会人士踊跃参与。

2020年12月14日，第一批共计7箱图书从全国各地抵达新疆，爱心暖流自此汇聚。

2020年12月21日，北航集中收集图书发出，"新"愿起航！

2020年12月25日，本次活动所有募捐书籍抵达新疆。

2020年12月30日，全部图书集中隔离、消杀、整理，面目一新，担负起传播知识和希望的使命。

## 一场有温度的阅读公益活动，仍在继续

这份汇聚起来的广泛爱心，将被精心使用，为孩子们的学习保驾护航。未来，这批图书这样使用。

■ 学生开展阅读活动

### 1. 组织阅读兴趣小组

向学生科学讲授阅读技巧和方法，根据各年级年龄段特点使用不同书籍，锻炼学生阅读能力，启发学生掌握阅读技巧和方法。通过阅读几本书的时间，让孩子们养成细致阅读、边读边记的好习惯。

### 2. 建立班级流动图书角

让孩子拥有课下10分钟的书中历险，计划在中段年级开设班级图书角，依托各班现有空间，放置各类书籍约40本，供学生利用碎片化课余时间阅读学习。

### 3．设置图书委员管理借阅

由图书委员管理本班图书借阅事宜，每月各班所放图书在年级内进行轮换，轮转时对图书数量及磨损情况进行统计，以在阅读同时养成爱护书籍的习惯。

一册书籍一份情，一缕书香一片心。北航研究生支教团将持续奋斗，助力乡村振兴，构建书香校园，继续搭建北航与吉木萨尔孩子们之间爱的桥梁。

■ 捐赠仪式　　　　　　　　　　■ 赠书印章标识

# 班里多了一个图书角？原来是这么回事

## ——在阅读中遇见更好的自己，"悦"读成长即刻出发

随着新课程改革不断深入，课外阅读是小学语文教学的一个重要组成部分，是学生进行语文实践的重要途径。

据2016年《中国教育报》的一项报道，乡村儿童阅读量仅为城市儿童的1/7。根据2017年由中国青少年发展基金会和21世纪教育研究院所做的一项面向全国乡村儿童阅读情况的调研及发布的《城乡少年阅读现状白皮书》显示，乡村少年对课外阅读的热衷程度丝毫不弱于城市少年，高达91.8%的受访乡村少年明确表示对课外阅读感兴趣，与城市少年（96.2%）相差不足5个百分点。但乡村少年和城市少年在阅读状况上存在明显差距，有一半的乡村少年过去一年的阅读量不足4本，而城市少年过去一年平均阅读16本书，中位数为10本。

■ 支教团组织图书角建设

每一个孩子心中，对知识渴望的火苗都等待点燃，而优秀的书籍便是最好的火种。2021年4月23日，恰逢"世界读书日"来临，这几天在宁夏泾源县新民中心小学，每个班都多了一个图书角？原来是这么回事……

研究生支教团积极联络北京慈弘慈善基金会，推广"悦读成长计划"，聚焦乡村中小学课外阅读，倡导分级阅读理念和学生志愿者自主管理模式，最终为学校10个班级捐助10个图书角共1500～2000册适龄图书，分为童话故事、精美绘本、科学百科、哲学思想、经典文学、传统文化、历史读物等内容。未来将打造以阅读为核心的系列校园文化活动，孩子培养"阅读+成长"兴趣。

### 分级阅读，孩子们喜欢的书

每个班级设立一个图书角，放置110～170册图书，按照分级阅读的理念，两岁一个年龄段配置分级图书，在书香中传递人文精神和科学精神。

■ 分级阅读和层级发展理念

■ 一至二年级书目情况

一至二年级配备书目：《上学真好》系列、《上海美影经典动画故事》系列、《迪士尼国际金奖动画电影故事》系列、《小人鱼童书馆（名家拼音美绘版）》系列、《九神鹿绘本馆》系列、《大师绘本馆》系列、《郑渊洁童话亲子美绘本》、童话故事、认识动物植物、认识二十四节气等读物每班100余本。

■ 三至四年级书目情况

三至四年级配备书目：《激发孩子想象力的1000个奇思妙想》（全八册）、《科学艺术认知》系列、《打动孩子心灵的动物经典》系列、《经典故事轻松读》系列、《漫画名人故事》系列、《新版丁丁历险记》、《小牛顿科学馆》系列、《中华先锋人物故事汇》系列、国学漫画、知识大百科等读物每班100余本。

■ 五至六年级书目情况

五至六年级配备书目：《习近平讲故事》、《从稚气小孩到科学巨人》系列、《世界儿童文学传世经典》系列、《世界儿童文学典藏馆》系列、《全国优秀儿童文学奖作品精粹》系列、《世界科幻小说选粹》系

列、《上下五千年》、《野生动物传奇故事（美绘版）》系列、刘慈欣系列、郑渊洁系列、常识百科等读物每班100余本。

同时，结合认知发展理论、心理社会发展阶段理论、语文核心素养等细化书目分级模型，由部分出版社编审、相关大学教授、中小学优秀教师、专家型阅读推广者等参与书目制定并不断反馈调整。

童话故事、精美绘本、科学百科、哲学思想、经典文学、传统文化、历史读物应有尽有，让孩子找到适合自己的图书。

■ 班级图书角建成暨慈弘"悦读成长计划"项目开展说明会

## 自主管理，做小小志愿者

每一个"慈弘图书角"给孩子们带去知识的同时，还在积极传递着公益精神。

■ 学生参与图书搬运及整理

■ 学生参与盖章、编号及上架

在图书角的管理上，鼓励学生自主管理，做小小志愿者。运送图书、统一编号、清点上架、开展图书角公益班会课、师生共同推选图书管理员、一起建立图书借阅管理制度，孩子们全部亲身参与、独立完成。培养乡村儿童责任意识、志愿服务精神，通过为同学服务，提升他们参与的价值感，让公益的种子在乡村扎根、萌芽……

■ 班主任召开公益主题班会课并选举班级管理员

### 快乐阅读，在书香中成长

过去，孩子们只能分批挤到狭小的图书室借阅，虽然他们阅读兴趣浓厚但缺乏优质图书，阅读精力满满但缺乏鼓励支持。师资缺乏、家庭留守、观念不足等，新民中心小学学生课外阅读情况并不乐观。

研究生支教团组织系列调研，面向三至五年级问卷调查，面向校长、班主任、语文老师访谈了解，形成22页调研报告，并针对性锁定

了6个问题。

（1）学校成本有限，难以满足课外图书

（2）现图书室空间小，自主借阅便利性差

（3）缺乏适龄读物，没有分级阅读理念

（4）教师课业负担较重，不能及时管理

（5）未开设专门阅读课，形成校园阅读氛围

（6）学生获取课外书及阅读陪伴需求突出

　　新民中心小学作为地缘相对偏远的乡村地区学校，学生课外阅读情况不太乐观：学校由于各项条件所限，无法给学生提供适合阅读的优秀图书，基本未组织过有效的课外阅读活动；教师缺乏系统课程教育和及时引导，分级阅读的理念还没有普遍形成；家长对于学生课外阅读理解程度、重视程度不足，很少给孩子买适合阅读的课外书，学

■ 学生不爱借阅的书籍（左）学生爱借阅的书籍（右）

■ 原有图书室及借阅情况

生假期时间大多用于帮助家里干农活、出去玩或玩电子产品等。

适合小学低年龄段的图书较少，绘本和带拼音的图书较少。学校老师告诉我们："学生会从图书室借书，但感兴趣的书很少，真正看进去的也很少，就导致学生爱看的书被翻得很陈旧，而其他书都没有人借阅。"

由于空间限制，基本上形成各班级分批分时间进行的模式，而后组织统一时间（一般为一周时间）集体归还，图书在自由借阅层面的利用效率很低。同时由于学校师资紧张，图书室没有专人管理，一般由校长亲自或其他科任老师、职工兼职管理，导致能投入图书管理、阅读规范和引导上的精力、时间有限。

图书室的书籍来源较广、年份较久，粗略按照《中国图书馆分类法》分类，分为政治、经济、文化等，存在同一大类分散放置、同一大类中适龄非适龄书籍混杂的情况，学生在借阅时选择难度大、效率低、体验不佳，很容易影响学生借阅积极性，形成始终聚焦某一区域借阅的现象。

而今，孩子们有了自己的图书角。这批来之不易的图书，经历一系列对接、协调，终于送抵乡村学校。

■ 同学校和基金会推进"悦读成长计划"

## 这，只是项目的起点

慈弘希望能将经典好书和人文关怀带到乡村地区，让乡村孩子的心灵获得自由、人格获得独立，从持续的深化阅读中沉淀人文精神和科学的理性精神。"悦读成长计划"关注乡村孩子的内心成长和人格发展。对于慈弘来说，将那些触及心灵的经典好书送到每个乡村学校的班级只是一个起点而不是终点，阅读伴随成长才是"悦读成长计划"的核心。

　　全面育人的有效发挥、桥梁帮扶的资源开发、内生动能的创新开拓，研究生支教团将始终坚持"育人"核心，牵引更多教育资源、物质支持、人文关怀。

# 首都研学 | 看看吉木乃外的世界

## ——一朝千年京华梦，心向北京研学行

"妈妈告诉我，遥远的北京城，有一座雄伟的天安门，广场上的升旗仪式非常壮观。我对妈妈说，我多想去看看！"这段话出现在一年级语文下册课文中，是北京航空航天大学研究生支教团新疆吉木乃分团一名支教老师的授课内容。

书本中的小朋友对妈妈说："我多想去北京看看！"讲台下的小朋友对老师说："我多想去北京看看！"

■ 小学语文授课内容

### 学生现状：想出去看看

荒漠、无信号、骑马、牛羊、五百公里……这不是一部公路电影的剧情关键词，描述的只是祖国西北边疆吉木乃县一些孩子再平常不过的生活场景。

"老师，北京真的像电视里那样吗？""老师，他们会骑马吗？""老师，书里的内容真有趣，外面一定更有趣吧！"我们知道，他们真的很想很想看看外面的世界。然而实际情况却是，部分家庭受限于经济情

况，很多孩子连市区都没去过，更不用说遥远的北京。

执教祖国边疆，遥望首都北京。沙漠戈壁，天山河流，阻挡不了我们支援边疆的精神，更阻挡不住边疆学童心向北京的爱国热情。

■ 吉木乃孩子们的生活

2021年，时值中国共产党成立100周年之际，新疆吉木乃分队成员希望带领新疆边区少数民族学生到首都北京开展游学活动，帮助他们开阔视野、坚定理想、培养爱国热情。让北京不再只出现在书本和电视，让孩子们脚踏实地、亲身感受，零距离接触祖国的政治、经济和文化中心。同时，团队也希望通过游学等公益活动让更多人了解新疆边区生活，有更多的边疆学童在共同努力下圆梦。

### 社会募集，多方互助

"读万卷书，行万里路。"成员依托北航研究生支教团官方自媒体、腾讯公益平台等多个渠道开展研学计划资金募集，共有来自社会各界筹集累计1万余元，支持吉木乃县直小学3名师生赴北京研学。

期待这次难得的研学经历，成为一次意义深远的尝试，起到牵引与促进作用，让边疆孩子可以在名胜古迹间感悟历史积淀，在顶尖学府中体悟学习氛围，在现代科技中感受时代进步，在榜样引领中树立远大理想，帮助他们拓宽视野、提升自我。

## 研学计划，圆梦首都

■ 吉木乃师生抵达北京

■ 参观圆明园及游览北京大学

2021年7月，新疆吉木乃分队在服务地选拔2名品学兼优、家庭经济困难的学生，配备一位带队教师，通过赴京游学、参观实践等多项体验式教育活动，为孩子埋下一颗梦想的种子，让这份梦想帮他们走得更远。

7月16日，在第二十二届研究生支教团新疆吉木乃分队的组织下，

扎根西部　仰望星空
——记北京航空航天大学第二十二届研究生支教团

来自吉木乃县直小学的两名学生和一名教师，顺利从吉木乃抵达北京。

7月17日，心向北京研学行第一天

游览圆明园遗址，勿忘国耻，发奋图强！

参观游览北京大学，漫步在未名湖畔，远眺博雅塔，和古色古香的校门合影。

品尝北京烤鸭等特色美食，与北航第十八届研究生支教团新疆吉木乃分队前辈交流成长经历……

7月18日，心向北京研学行第二天

天安门广场看升旗、人民英雄纪念碑"打卡"，感悟党史精神，厚植爱国情怀。

鸟巢前运动健身"摆pose"，领略首都文化。

北京航空航天大学参观交流，走进高等学府……

■ 天安门广场观看升旗仪式

■ 参观鸟巢及游览北京航空航天大学

7月19日，心向北京研学行第三天

来到八达岭长城，观赏"天下第一雄关"，一起体验做"好汉"的自豪感……

7月20日，心向北京研学行第四天

参观中国科学技术馆，学习各类科学知识，思考领悟科学原理。

■ 参观八达岭长城

来到明十三陵，感受祖国深厚历史文化……

■ 参观中国科技馆及明十三陵

　　4000公里，对于支教老师而言可能只是几十小时的旅途，而对边疆地区的孩子们而言，可能就是魂牵梦萦的一次路程。本次研学计划通过丰富多彩的实践活动，帮助边疆学子充分拓宽视野、孕育报国情怀，为他们的童年增添一份美好色彩。

　　希望此次活动成为支教团大型公益实践项目的有益尝试，在今后为更多山区学子打开梦想的大门。

■ 学生记录感悟感想

■ 北航师生赠送特色礼物

■ 返程

# 北航—泾源 | 共建大学生社会实践基地

## ——实现校地资源的有机结合与优化

2021年6月15日，在第二十二届研究生支教团宁夏泾源分队即将结束服务、告别支教学校师生之际，在新民中心小学组织召开了北京航空航天大学研究生支教团宁夏泾源分队总结座谈会暨北航大学生社会实践基地共建仪式，回顾这一年的故事，展望新的奋斗起点。

■ 宁夏泾源分队总结座谈会暨北航大学生社会实践基地共建仪式

泾源团县委书记马杰、副书记于亚楠、办公室主任强蓓蓓，新民学区中心校、新民中心小学相关领导及教师代表，北航研究生支教团宁夏泾源分队全体成员，相关单位负责同志等参加会议，会议由新民中心小学副校长张伟主持。

在总结座谈会开始前，全体与会人员共同参观北航研究生支教团之家，回顾北航与泾源119名志愿者接力传承18年的故事。

## 一路收获：回顾点滴成长

座谈会上，领导师生共同观看"青春奋斗·奉献担当"北京航空航天大学第二十二届研究生支教团总结宣传片。

■ 研究生支教团张晓磊做工作总结汇报

我校第二十二届研究生支教团团长、宁夏泾源分队队长张晓磊从北航与泾源县18年的定点服务历程说起，以"务实性""思政性""科学性""拓展性"和"桥梁性"为引，全面系统地汇报了一年来研究生支教团志愿者参与学校教育教学工作的基本情况，介绍了年度"国旗护卫队""你的心愿我来圆""航空航天兴趣周""悦读成长计划"等特色活动成效，并回顾了一年来与团县委、学校各领导老师朝夕相处的点滴经历和成长收获，期待未来北航研究生支教团与大家能始终加强沟通联络、保持深厚友谊。

■ 研究生支教团成员发言

研究生支教团成员靳树梁、马文清、王云帆、石一、刘露露先后发言。他们从自身教学工作、组织特色活动等方面汇报自己一年的工作情况，讲述自己扎根岗位的心路历程，分享自己与学生相处的一件件感人故事。各位成员表示，通过一年的支教工作，大家已经与泾源结下了深厚的情谊。今后也定会心系泾源学生，关注泾源发展，让一年支教故事成为自己难忘的青春回忆。

新民中心小学教师代表崔婧婧、禹慧倩回顾了一年来与6位支教老师朝夕相处的工作和生活情况。她们表示，北航研究生支教团为学校教学师资注入了新鲜活力，各位支教老师在授课上虚心求教、关心学生，为学校组织开展系列校园文化活动，深受孩子们的喜爱和崇拜，在生活上与当地教师打成一片、互帮互助，共同度过了一年愉快的时光。

■ 支教学校教师代表发言

■ 新民中心小学校长禹全成发言　　■ 共青团泾源县委书记马杰发言

新民中心小学校长禹全成在发言中对北航研究生支教团充实教育教学师资力量、服务学校各项工作、开展特色实践活动等工作成绩表示充分肯定。他表示，支教团老师爱岗敬业、关爱学生、静心教书，为学校发展注入了青春活力，贡献了青春力量。学校与支教团度过了一年难忘的时光，感恩相遇，珍惜缘分，祝福每一位支教老师在未来的青春历程中取得新的更大进步，也欢迎大家常回来看看。

共青团泾源县委书记马杰对北航研究生支教团务实教书育人主责，积极投身泾源教育事业，同时找准服务方向和服务路径，组织开展各项社会实践活动等表示感谢，对各项工作成绩给予充分肯定和高度评价。他希望研究生支教团继续发扬"德才兼备、知行合一"的北航校训精神，坚定信念立大志，修身正己明大德，勤学笃行成大才，砥砺奋斗担大任。他表示，研究生支教团在短暂的支教时光中志存高远，脚踏实地，彰显了新时代青年的责任与担当，也希望各位志愿者在未来的学习工作中，继续用勤劳与智慧为祖国添上复兴的"双翼"，为服务国家富强、民族复兴、人民幸福贡献青春力量。

### 启航未来：共建大学生社会实践基地

为进一步推动帮扶合作，延续打造特色实践名片，实现志愿支教的价值传承，北航在泾源县新民中心小学挂牌共建大学生社会实践基地，汇聚资源优势，鼓励更多北航青年奔赴西部，参与各类社会实践活动。

■ 北航校团委书记庄岩视频发言

我校研究生支教团团长、宁夏泾源分队队长张晓磊简要介绍了北航社会实践工作情况，与会成员一起观看了"百年薪火·青春芳华"北航社会实践介绍视频。

北京航空航天大学校团委书记庄岩通过视频发言，对北航研究生支教团宁夏泾源分队一年来各项"支教+扶贫"工作表示充分肯定，对泾源县团委、教育体育局和新民中心小学对研究生支教团工作的指导关心表示感谢。北航校团委将继续打造更高层次、更广维度的合作平台，与大家携手书写新时代西部支教工作的新篇章。

泾源县作为北航研究生支教团项目的首个定点服务县，18年来形成了具有北航特色的服务品牌，留下了一批生动的感人事迹，也建立了深厚的校地友谊。相信通过此次共建大学生社会实践基地，能充分总结好18年的经验做法，实现校地资源的有机结合与优化，提升社会实践工作的成效与作用。也期待着有更多北航学子能前往泾源县开展丰富的社会实践活动。

随后，共青团泾源县委书记马杰、新民中心小学校长禹全成、北航研究生支教团团长张晓磊共同为"北京航空航天大学大学生社会实践基地"揭牌。

此次大学生社会实践基地共建，标志着北京航空航天大学和泾源县在大学生社会实践和志愿服务工作领域接力传承的故事迈入新的篇章，期待更多北航学子前往泾源，开展形式多样的社会实践活动。

■ "北京航空航天大学大学生社会实践基地"授牌仪式

巩固脱贫攻坚，聚焦乡村建设

调研法治建设，关注人民健康

共享改革成果，智慧城市建设

探访红色基因，推动民族团结

未来，北航与泾源将不断在新形势下推进新方式的有益探索，通过社会实践方面的进一步合作，创新教育方式和实践形式，实现校地资源的有机结合与优化，拓宽实践渠道与广度，不断提升实践教育效果和水平。

北航研究生支教团将继续肩负历史使命，坚定前进信心，生逢盛世，肩负重任，以"巩固脱贫攻坚、助力乡村振兴"为导向，立大志、明大德、成大才、担大任，努力成为堪当民族复兴重任的时代新人。

第六篇　印记共享

　　五地、六校、20人……一年的故事，一生来感悟。

　　本篇章遴选第二十二届研究生支教团自出征仪式至总结座谈，一年来各关键阶段节点上的印记回顾，见证着一届届研究生支教团接力启航、继续书写青春奋斗的故事。

# 出征仪式|从今启航，不负使命

## ——带着嘱托与期待，接过接力棒，续写新篇章

2020年7月24日上午，北京航空航天大学2020年暑期社会实践暨第二十二届研究生支教团出征仪式在如心大报告厅以现场组织、线上直播的形式举行。校党委副书记程波出席仪式并讲话，学生工作部、校团委及相关单位负责人、教师代表、200余名实践队学生代表、第二十一、二十二届研究生支教团全体成员和"航行中阳科普夏令营"山西中阳县北街小学的600名同学们共同参与了本次出征仪式。会议由校团委书记庄岩主持。

本次出征仪式分为坚定使命、追寻足迹、心怀憧憬、临别寄语、从今启程五个篇章。

■ 2020年暑期社会实践暨第二十二届研究生支教团出征仪式

## 第一篇章　坚定使命

在会议第一篇章，学生工作部部长董卓宁带领全体参会人员学习了"习近平总书记给中国石油大学（北京）克拉玛依校区毕业生的回信"，指出要充分认识习近平总书记重要回信的深刻内涵和重大意义，不畏艰难险阻，勇担时代使命。

■ 学生工作部部长董卓宁

## 第二篇章　追寻足迹

在会议第二篇章，来自第二十一届研究生支教团西藏山南分团的周国栋同学、航宇问天实践队的段诗阳同学分别回顾了过去一年在支教服务地和社会实践地的充实经历、所见所闻和思考。

北航研究生支教团首批服务县宁夏泾源县团县委副书记伍月同志代表实践服务地发言，回顾并感谢北航研究生支教团为泾源县发展所作的积极贡献，充分肯定了北航在志愿实践工作中的育人成效。

■ 周国栋、段诗阳分享支教实践工作　　　■ 伍月代表实践服务地发言

### 第三篇章　心怀憧憬

在会议第三篇章，即将接过接力棒、踏上新征程的新一批同学们分别表达了自己的憧憬和决心。来自"传承之焰"实践队的杜钇明同学分享了实践队不断发展壮大的历程和新一年的实践思考，第二十二届研究生支教团代表冯琨同学从自己加入研支团的动机、对支教的理解、对未来一年的期待等方面进行畅谈，表明了自己从事支教工作的信心和决心。

■ 杜钇明、冯琨发言

### 第四篇章　临别寄语

在会议第四篇章，指导教师代表、马克思主义学院青年教师付丽莎老师，北航挂职干部、山西省中阳县副县长田原老师，对同学们往年的实践成果给予了肯定。同时分别结合各自的指导工作经历，对即将开展的社会实践和志愿支教工作做了殷切嘱托，愿所有同学带着老师们的鼓励与期待顺利完成实践，有所收获。

■ 付丽莎、田原发言

### 第五篇章　从今启程

在会议第五篇章，校党委副书记程波讲话指出，开展社会实践

■ 校党委副书记程波讲话

是帮助同学们学习理解习近平新时代中国特色社会主义思想的重要途径，希望同学们可以在实践中用心感悟初心使命，坚定理想信念，加强对党的基本路线的掌握，利用实践机会了解社会、认知自我。程波充分肯定了研究生支教团的工作，指出支教是非常难能可贵的时代机遇，勉励同学们在支教地全心付出，为贫困地区的孩子树立志向、点亮梦想，同时磨炼意志、收获成长。他代表学校嘱托同学们在实践和支教活动中务必牢固树立人身和网络安全意识，学校将尽一切可能为大家做好后勤保障工作，期待大家平安出发，平安归来。

最后，程波为2020年暑期社会实践队和第二十二届研究生支教团授旗。

■ 2020 年暑期社会实践暨第二十二届研究生支教团授旗仪式

# 三校交流会 | 携手启程，共同进步

## ——"清华+北大+北航"回望2020，启程2021

即将迎来"十四五"开局之年、"两个一百年"奋斗目标交汇与转换之年，回望2020、启程2021，进入新学期，站在新起点，肩负新使命，第二十二届研究生支教团有哪些思考与设想？一起来看这个会！

■ "回望2020·启程2021"研究生支教团三校交流会

2021年2月2日，为学习先进做法、建立沟通友谊、寻求合作进步，由北京航空航天大学研究生支教团主办的"回望2020·启程2021"研究生支教团三校交流会通过线上会议的形式举行。北京航空航天大学校团委青工部部长丁瑞云，来自清华大学、北京大学、北京航空航天大学三所高校的60余名研究生支教团志愿者参加会议。

### 全团工作分享

三所高校第二十二届研究生支教团对各校思想引领、教育教学、公益实践等方面的特色工作进行分享介绍，对各校课程建设、资源挖掘、扶贫实践等方面的工作构想进行探讨交流。

清华大学第二十二届研究生支教团团长耿威分享了支教团在内部建设、教育教学、团学育人、公益扶贫等方面的工作。在内部建设方面，清华研究生支教团成立功能型党支部，发挥党组织的堡垒作用和党员的先锋模范作用，并开展一系列理论学习、调研实践等活动，取得了良好成效。在支教工作中，志愿者认真了解当地学生学情，积极调整教育教学方式，形成了适应当地教学环境的理念和方法。同时，继续在"助梦计划"公益体系下传承创新，从服务学生、服务学校及老师、服务社会三个层面开展志愿公益活动，继续争做"有温度的教育，有力度的公益"。

■ 清华大学研究生支教团工作分享

■ 北京大学研究生支教团工作分享

北京大学第二十二届研究生支教团团长叶山·叶尔布拉提通过全面、翔实的讲解，分享了自组建以来从培养学习到上岗服务接续开展的各项活动，并介绍了北京大学研究生支教团"四届传帮带"的管理模式，对未来阶段的工作设想做了思考和展望，映射出一批批北大志愿者薪火相传扎根西部基层的优良风貌。

北京航空航天大学第二十二届研究生支教团团长张晓磊通过对培养学习、派遣服务、思想引领、教育教学、公益实践和宣传推广六方

■ 北京航空航天大学研究生支教团工作分享

面的详细介绍，分享北航"以教育教学为主责，以志愿服务为追求"
的支教团工作模式，介绍了2020年全团授课教学、行政事务及特色创
新实践等活动开展情况，总结专业素养、校内窗口和社会资源三方面
的公益视角，介绍了如航空航天兴趣活动、航予"新"愿图书募集、
中国科协"青少年STEM教育计划"科教支教团项目等，并对未来提升
教学成效和持续做好扶贫实践方面的工作计划做了简单的介绍。

### 分团代表工作分享

来自三所高校研究生支教团5个服务地分团介绍展示，对半年来服
务工作情况、特色工作成效、未来发展和思考等做分享发言。

■ 北京大学研究生支教团内蒙古分团工作分享

北京大学研究生支教团内蒙古分团团长隋垚做了题为《心系未名
水，眼中黄河月》的汇报。他着重介绍分团"根—干—枝叶"工作思
路和三个系列活动的落实情况。"以助力学生学习成长为根基，以引导
健康课余生活为主干，将志愿实践的枝叶延伸至全旗范围。"内蒙古分

团志愿者汲取并发扬奋斗精神，教学成绩保持前列、稳中有升的同时，"知行奋中"系列学术活动顺利开展，"多彩奋中"系列实践活动反响热烈，"燕行杭后"系列志愿活动硕果累累。

■ 北京航空航天大学研究生支教团宁夏泾源分团工作分享

北京航空航天大学研究生支教团宁夏泾源分团团长张晓磊做了题为《泾河之源·向北航行——宁夏泾源：探索有温度有意义的支教》的汇报。他详细介绍了分团6位成员投身教育教学和学校事务的基本情况，并在爱国教育、专业优势、校内联动和资源充实四方面展示支教团在第一学期初步探索的进展，列举国旗护卫队、航空航天兴趣周、"你的心愿我来圆"等活动成效，并提出2021年对于"教学+""公益+"的初步设想，希望未来与各位支教团伙伴一起探索支教的新思路和新作为。

■ 一年青海行，一生青海情

清华大学研究生支教团青海分团团长李沛桐做了题为《一年青海行，一生青海情》的汇报。青海分队由5名党员组成，积极开展党建工作，指导支教地学校的团学工作。在教育教学方面，清华研支团青海分队的志愿者在教学方法上针对当地学生情况进行了创新，运用兴趣式教学、分层教学、分组管理等方式，取得了较为优异的成绩。在公益扶贫方面，李沛桐向大家系统地介绍了清华大学研究生支教团"助梦计划"公益项目体系，分享了青海分队开展"助梦1+1""助梦悦读""助梦倾心"等公益项目取得良好成效的经验。

■ 北京大学研究生支教团云南分团工作分享

北京大学研究生支教团云南分团团长赵仙凤做了题为《激活内生动力，助推乡村振兴》的汇报。她畅谈如何在日常教学和活动中触动学生内心，以"扶志"教育为支教扶贫保驾护航。扶贫必扶志，云南分团的志愿者们通过校园内外两个维度开展工作，6个多月的支教时间里，分团成员始终牢记教育扶贫的初心，秉承全心奉献的志愿精神，在日常教学工作和社会实践活动中，用粉笔书写青春理想，用课堂诠释时代使命，用知识服务社会发展。

■ 北京航空航天大学研究生支教团新疆吉木萨尔分团工作分享

北京航空航天大学研究生支教团新疆吉木萨尔分团团长冯琨做了题为《扎根西部教育，绽放青春的格桑》的汇报。他将成员半年来的工作按照"一核心·三拓展·双品牌"的主线进行介绍，重点提到了核心教学工作中通过"培优·辅困"、课下一对一补习等方式，并结合多维度的奖励机制充分激发学生学习的内在动力，取得了优异的教学成果。同时牢记支教扶贫的使命，在教学中不忘思想教育责任，并分享了为班内学生购置新衣服、成立援助项目、点对点按年资助的故事，以及组建"航予'新'愿"图书捐赠活动等基本情况和未来设想。

### 自由交流讨论

在交流讨论环节，三所高校志愿者针对教学工作、活动组织、调研成效、联动培养等问题进行了交流和讨论。

北航校团委青工部部长丁瑞云在发言中用"感动""珍惜""期待"三个关键词总结自己的体会与寄语。她充分肯定了各位志愿者一学期的扎根奉献和积极作为，希望大家能认真珍惜西部支教的平台和机会，积极了解祖国国情、基层民情。也期待支教团未来能充分实践自己的计划、施展自己的才华，为迎接建党一百年作出青春贡献！道阻且长，行则将至，行而不辍，未来可期。

本次交流活动旨在通过分享讨论的形式，促进研究生支教团志愿者在新学期工作中拓展思路、启发探索、实践奋斗，激励每一位支教团成员不断扎根西部、奉献成长，在2021年"十四五"开局和"两个一百年"奋斗目标交汇与转换之年，为巩固脱贫攻坚和助力乡村振兴作出新的青春贡献！

## 中期汇报会 | 交上这份期中答卷

### ——从磨合适应到身份转换，未来应该如何做？

3月5日是学雷锋纪念日暨中国青年志愿者服务日。"雷锋"这个永远写在春天里的名字，引领着无数雷锋精神践行者用心奉献，前赴后继。

在北航，研究生支教团志愿者作为雷锋精神、志愿精神的实践者，从首都到祖国的西部边疆，传承雷锋精神，实践担当作为。服务进程过半，他们有哪些思考？

■ 北京航空航天大学研究生支教团中期汇报会

2021年3月4日，在第58个"3·5"学雷锋纪念日暨第22个中国青年志愿者服务日到来之际，迈向新学期，开启新征程，北京航空航天大学研究生支教团中期汇报会顺利举行。

校团委书记庄岩、经济管理学院党委副书记高超、宇航学院党委副书记赵青、新媒体艺术与设计学院党委副书记董萍萍、人文社会科学学院分团委书记黄焘、校团委青工部部长丁瑞云出席会议，第二十二届研究生支教团、第二十三届研究生支教团全体成员通过线上线下方式参加会议，活动由丁瑞云主持。

■ 研究生支教团中期汇报会活动现场

## 一学期的奋斗，收获满满

■ 全团中期工作汇报

2020—2021年度的服务进程过半，从磨合适应到身份转换，第二十二届研究生支教团留下哪些属于北航的特色成绩？未来应该如何做？如何做好？是中期工作思考中需要解答的问题。

第二十二届研究生支教团团长张晓磊通过对培养学习、派遣服务、思想引领、教育教学、公益实践和宣传推广六方面的详细汇报，介绍北航"以教育教学为主责，以志愿服务为追求"的支教团工作模式，概述了2020年全团授课教学、行政事务及特色创新实践等活动开展情况，总结支教团在专业素养、校内窗口和社会资源三方面组织的系列特色活动，并对新学期在提升教学成效、做好扶贫实践及团队思想引领、管理建设、宣传推广和联动交接等方面的工作计划做了汇报。

## 把青春留在祖国各个地方

第二十二届支教团各服务地分队第一学期务实作为，积极尝试，立足教育教学，投身志愿实践，将北航的足迹印在祖国大地，留下了许多奉献故事。

■ 新疆吉木乃分队中期工作汇报

新疆吉木乃分队队长徐国辉从服务地基本情况、前期工作回顾、未来工作计划三方面分别做了展示和工作汇报。他系统回顾了分队在常规教学、校内行政、思想党建、志愿实践、业余生活五方面开展的各项工作，允分展现"求真务实，服务边疆"的核心思想。最后，他针对现状对未来工作进行了系列规划，希望能在有限的时间中做更多有意义的事。

■ 宁夏泾源分队中期工作汇报

宁夏泾源分队队长张晓磊详细介绍了分队第一学期投身教育教学和学校事务的基本情况，并在爱国教育、专业优势、校内联动和资源充实四方面展示支教团初步探索的进展，列举国旗护卫队、航空航天兴趣周、"你的心愿我来圆"等活动成效，并提出2021年对于"教学+""公益+"的初步设想，力求找准自身定位，在特色实践、资源丰富和平台拓展上作出专属贡献。

■ 山西中阳分队中期工作汇报

山西中阳分队队长李汶倩汇报了支教基本情况、教学查漏补缺和学期规划设想三方面内容。她分享了支教团"帮扶学习""小组积分制"等寓教于乐、培养学习兴趣、激发学习热情的教学方式，同时介绍了礼仪社团等特色支教活动的开展情况。她表示要继续写好北航与中阳的帮扶故事，从团队建设、校内合作、科教活动和联动交接等方面做了新学期工作规划。

■ 新疆吉木萨尔分队中期工作汇报

新疆吉木萨尔分队队长冯琨将团队半年以来的工作按照"一核心·三拓展·双品牌"的主线进行了汇报，其中特别提到核心教学工作中多维度的奖励机制、激发学生学习的内在动力方法。他分享了团队为困难学生购买新衣、成立援助项目、形成"1+1"资助、开展"航予'新'愿"图书捐赠活动等经历，以及新学期延伸图书后续使用、并设阅读课程及校级图书角、组织科学主题兴趣周等规划。

■ 西藏山南分队中期工作汇报

西藏山南分队队长李浩源在汇报中对学校和分队成员情况进行了详细介绍，并展示了思想学习、教育教学、活动开展和志愿服务等工作的情况。最后，她表示将始终坚持"缺氧不缺精神"的作风，在分析了上半年工作不足的基础上，提出严守教学工作、积极组织参与教育扶贫类志愿活动、加强校际交流沟通与增强宣传力度等新学期规划，希望在未来能够取得更好的成绩。

■ 两届成员参会情况

### "向你们学习，准备好了！"

第二十三届研究生支教团组建半年来，来自13个院系的20位志愿者以自我管理、自我监督的参与式培养模式，相继完成课程观摩学习、专题展览参观、团队建设活动等多元化活动十余场。

第二十三届研究生支教团于宛禾汇报了第一学期培养工作。

第二十三届研究生支教团代表胡廷叶枝表示，听完学哥学姐们的

扎根西部 仰望星空——记北京航空航天大学第二十二届研究生支教团

中期汇报感触颇多。她结合自己的志愿服务经历，更加能够体会到学哥学姐们的奉献情怀和辛苦付出。她表示作为支教志愿者，教育教学是主责，在未来的半年中要更加努力地抓住试讲评课、能力锻炼的机会，提升自己的综合素养，对自己负责、对西部的孩子们负责。

■ 第二十三届研究生支教团成员代表发言

## 新学期，心怀希冀再启航

新使命，新征程，应当找准自身定位，坚持初心使命。随后，各位与会领导老师对各位研究生支教团志愿者提出殷殷嘱托和真切寄语。

新媒体艺术与设计学院党委副书记董萍萍、经济管理学院党委副书记高超、人文社会科学学院分团委书记黄焘分别发言。他们表示各位研究生支教团志愿者，从北航奔赴祖国中西部投身支教服务，敢担当、甘奉献，情怀满满、成绩突出，始终是令学校和学院骄傲自豪的优秀毕业生代表。

■ 新媒体艺术与设计学院党委副书记董萍萍、经济管理学院党委副书记高超、人文社会科学学院分团委书记黄焘分别发言

各位老师充分肯定了半年来研究生支教团的各项工作，表示将始终关心支持志愿者生活和工作，同时将积极协调专业学院优势、加强沟通联动、搭建实践平台，与两届支教志愿者携手接力传承，一起为西部建设作出新的贡献。

■ 校团委书记庄岩发言

校团委书记庄岩表示，第58个学雷锋纪念日即将到来，研究生支教团志愿者责任在肩、使命光荣。他充分肯定了第二十二届研究生支教团半年以来的工作，将支教团成绩凝练为"三个结合"：一是将西部支教工作与脱贫攻坚和乡村振兴的伟大事业相结合，力求为当地发展作出特色贡献；二是将教育教学本职与思政引领和团学工作相结合，每位成员能充分发挥共青团工作本领，依托系列活动为孩子们营造更好的成长环境；三是将北航支教的经验传承与内生动能的创新开拓相结合，各位成员利用线上线下互动、资源的有效接入和运转等，将新时代的前沿视角逐步带到西部。

庄岩指出，2021年是中国共产党百年华诞，希望每位志愿者把握机遇，结合支教实践更深刻学习党史、体悟精神。他以"自豪以扬志，自信以力行，自强以领航"寄语两届研究生支教团的成员们，勉励他们在建党百年这个伟大的时间点投身支教事业，为推动民族团结、巩固脱贫攻坚、助力乡村振兴的伟大事业作出属于北航的青春贡献！

征途漫漫，唯有奋斗！期待研究生支教团志愿者立足新时代，不

断追求新担当、新作为，体悟百年初心，彰显青春力量，继续书写新时代的雷锋故事！

■ 两届研究生支教团合影

## 总结座谈会 | 满载归来，接力出征

### ——20名伙伴，从首都到西部，留下了哪些北航印记?

从北航出发，携梦想前行。

一年的时间，第二十二届研究生支教团满载而归，第二十三届研究生支教团即将启航，回望过去，他们迎接新的起点——

■ 第二十二届研究生支教团总结座谈会暨第二十三届研究生支教团出征仪式

2021年6月21日上午，北京航空航天大学第二十二届研究生支教团总结座谈会暨第二十三届研究生支教团出征仪式在如心大报告厅举

■ 座谈会现场

行。校党委副书记程波出席仪式并讲话，党委宣传部、研究生工作部、校团委及部分院系负责人，第二十二、二十三届研究生支教团全体成员参与活动。会议由校团委书记庄岩主持。

### 过去一年，收获满满

第二十二届研究生支教团团长张晓磊通过对培养学习、派遣服务、思想引领、教育教学、公益实践和宣传推广六方面的详细汇报，介绍北航"以教育教学为主责，以志愿扶贫为追求"的支教团工作

■ 全团工作总结汇报

模式，概述了2020—2021年度全团授课教学、志愿实践、特色拓展等活动开展情况，总结支教团在专业素养、校内窗口和社会资源三方面组织的系列特色活动，并结合个人思考向新一届成员分享支教故事、传递经验感悟。

### 五地六校，满载故事

第二十二届研究生支教团各服务地分队分别进行一年的工作情况汇报，分享支教服务的经验，讲述感人的支教故事。

宁夏泾源分队张晓磊汇报了成员投身教育教学和学校事务的基本情况，瞄准"有温度、有意义"的目标，列举思政性、科学性、拓展性和桥梁性等为引导的多项校园活动成效，并讲述了支教团与学生一年间难忘的故事和真挚的情感。

■ 宁夏泾源分队工作汇报　　　　■ 新疆吉木萨尔分队工作汇报

　　新疆吉木萨尔分队冯琨以"打造天山脚下的北航品牌"为题，介绍了服务地各项基本情况，汇报一年来以教学工作为核心，以"教学+行政"、特色实践、系列捐赠为品牌的育人体系，并对新一届成员未来工作做了寄语和嘱托。

■ 山西中阳分队工作汇报　　　　■ 新疆吉木乃分队工作汇报

　　山西中阳分队李汶倩汇报了支教成员一年来务实教育教学的方法和成效，介绍科普教育、校园文化等特色活动，同时分享了中阳生活概况、工作心路历程，鼓励新一届成员传承进取，续写北航与中阳的扶贫故事。

　　新疆吉木乃分队徐国辉介绍了服务地及学校基本情况，回顾支教团在党建引领、服务教育教学、组织校园活动和校外实践的系列工作，分享了服务中的点滴成长和趣味故事，为新一届成员提供了生活和工作上的建议与勉励。

■ 西藏山南分队工作汇报

　　西藏山南分队杨晓龙、李浩源分享了一年来坚持"缺氧不缺精神"的作风，积极投身服务学校思想学习、教育教学、文化活动和志愿服务等工作的情况，同时向新一届成员介绍了西藏生活和工作的提醒及注意事项。

### 交流分享，情怀传承

　　这一年有难忘的成长与进步，有真挚的感受与体会。

　　在交流分享环节，两届研究生支教团成员针对服务一年中的故事与收获、出发前的培养与准备、工作中的困难与解决办法进行了自由讨论。

■ 两届成员交流发言

### 从今启航，不负使命

　　第二十三届研究生支教团成员代表结合自我思考，从培养准备、初心使命、责任担当等方面，做了发言和表态。

■ 第二十三届研究生支教团成员代表发言

为进一步努力夯实理论根基，提升教学技能本领，会上，党委宣传部副部长余敏、研究生工作部副部长王扬为第二十三届研究生支教团赠送习近平总书记的《论中国共产党历史》一书，勉励各位志愿者坚持学党史、知党史的初心，在未来一年的支教服务中，牢记时代责任，勇担青春使命。

■ 为第二十三届研究生支教团赠书

### 怀揣嘱托，再启新程

校党委副书记程波充分肯定了第二十二届研究生支教团的工作成绩，对各位成员立志扎根西部、矢志奉献，在砥砺前行中传递希望、播撒种子的选择表示认可与鼓励。他结合习近平总书记对新时代中国青年的要求和北航人的精神特质，鼓舞支教团志愿者始终树立服务国家的远大理想、时代担当和家国情怀，在接力实践中彰显北航力量。

■ 校党委副书记程波讲话

程波指出，支教是非常难能可贵的时代机遇。在第二十三届支教团出征之际，他对成员们提出四点期望：一是全情投入，尽快完成角色转变，真正地做一名合格的"四有"好老师；二是坚持学习，在服务祖国、奉献人民的事业中全面提升自己；三是传承进取，擦亮北航志愿支教的品牌；四是严守纪律，高兴地去、圆满地回，以高度的政治觉悟、牢固的纪律意识完成支教活动。

■ 为第二十三届研究生支教团授旗　　　　■ 两届研究生支教团合影

# 历届支教团：18年的故事，看这里

## ——从第五届到第二十二届，从2003年到2021年

北航研究生支教团奔赴宁夏泾源，从第五届到第二十二届，从2003年到2021年……

历届支教团：你还记不记得，18年间都有什么变化？18年发生过哪些故事？18年留下些什么足迹……

在宁夏泾源，走进新民中心小学，这样一间房间告诉你！

■ 宁夏泾源分队历届服务情况

在泾源县团委、泾源县教育体育局、新民中心小学的指导下，第二十二届研究生支教团宁夏泾源分队坚实推进文化建设、创建品牌载体，布置北京航空航天大学研究生支教团之家（宁夏·泾源），通过品牌标识、隔板设计、文化张贴等，讲述2003—2020年的系列工作历程。

北航研究生支教团之家旨在通过展示支教团志愿者在泾源县的工

作事迹，积极讲好支教故事、不断传承志愿精神，引领更多北航学子在服务教育强国和乡村振兴事业中作出青春贡献。

## 这里有一段段文字

从历史沿革到发展概况，从前期培养到特色做法，有收获、有展望，研究生支教团之家全景式介绍北航研究生支教团，以及在文化载体的传承中接续留下的"支教+扶贫"优秀做法。

■ 研究生支教团之家掠影之一

## 这里有一幅幅图片

经过精心布置装扮，这里的每一张展板、每一幅照片都图文并茂、精彩翔实，讲述着一个个生动感人的事迹。

■ 研究生支教团之家掠影之二

### 这里有一件件实物

　　无论是教学设计、课堂准备，还是活动教具、爱心捐赠，科学仪器、天文望远镜、素质拓展道具、国旗护卫队装备……都在这里悉数展示。

■ 研究生支教团之家掠影之三

### 这里有一段段回忆

　　2003—2020年，从3人的规模到6人的分团，选出四十余幅珍贵照片，包含授课场景、校园活动、团队风采等，在这里全部一一展现。

　　由最初的设想到思路形成，在学校支持和指导下，经过素材收集、整理汇编、设计元素、张贴墙纸、定稿制作、逐步装扮等一系列努力，这段缘分得以一步步实现。

■ 研究生支教团之家掠影之四

18年至今，泾源县已接收北航共计119名志愿者，累计承担泾源县一中、二中、民族职业中学、六盘山镇、泾河源镇、兴盛乡、大湾乡、新民乡等多所中小学基础教育工作，传承的故事未完待续。

■ 研究生支教团张晓磊向新民中心小学赠送北航校训树纪念品　■ 泾源县团委向研究生支教团赠送题字作品

支教特色在延续发展的同时，还留下了坚实的合作基础和深厚的校地友谊。

赠送的校训纪念树有三层寓意：一是北航"德才兼备，知行合一"的校训；二是学校及教师"立德树人"的根本宗旨；三是我们之间的"友谊之树"根深叶茂。

受县文联、团县委委托，由县书协主席李广成精心创作的"仰望星空　脚踏实地"书法题字，作为北航研支团泾源分团离泾返京前的献礼之作，满载了泾源人民离别盛情，浓缩了文艺界惜别之意。

泾河之源，向北航行。这段故事，等待着一届届北航青年补充、续写……

第七篇　感悟心声

　　在与学生相处的一年中，在朝夕相伴的嬉笑怒骂声中，一声声稚嫩纯真的"老师好"、一句句"我要考北航""我要去北京"的坚定话语、一份份用心满满的离别礼物，都成为服务西部的志愿者们才能感受到的专属印记。一年的满载收获，也将成为一届届支教志愿者今后人生旅途中的奋斗动力，永葆初心，不负成长。

　　本篇章遴选第二十二届研究生支教团志愿者的"在支教"系列文章，用文字和影像讲述研究生支教团志愿者服务中的感人故事、工作思考、学习论述、影像随笔、美景美食……

# 肩负使命，实践担当

## ——学习习近平总书记在清华大学考察时的重要讲话精神

□张晓磊

2021年4月19日，习近平总书记在清华大学考察时发表重要讲话，对青年的殷切期望饱含深情、催人奋进。"立大志、明大德、成大才、担大任，努力成为堪当民族复兴重任的时代新人，让青春在为祖国、为民族、为人民、为人类的不懈奋斗中绽放绚丽之花。"习近平总书记的厚望与寄语高屋建瓴、指引方向，更为广大青年勇毅前行注入了强大动力。

生逢盛世，肩负重任。作为新时代青年、首都高校学子，同样是研究生支教团志愿者，立足西部志愿扶贫事业，面向第二个百年奋斗目标的历史机遇，站在更高的起点、身处更复杂的变局、肩负更伟大的使命，如何走得更远更坚定，做更好的青年一代？是我们深刻思考的命题。

### 一要立志明德，坚定青春信念

当代中国青年是与新时代同向同行、共同前进的一代，奋斗与成长同在，挑战与机遇并生。新冠肺炎疫情、脱贫攻坚战、建党百年华诞……与祖国坎坷和荣耀并行的我们作为见证者，正亲身感受时代的洗礼。

在一段段伟大机遇的见证中，在选择西部支教事业的征程里，我们要更加爱国爱民，在基层实践中知国情、增才干，在感悟党史中学精神、练本领；要更加锤炼品德，不怕艰难、不畏困苦、不惧挑战，追求更有价值的人生航向；要更加勇于创新，找准自身定位，发挥专业优势，开拓进取、敢为人先，努力作出有特色的专属贡献；要更加实学实干，踏实扎根教育扶贫事业，积极融入当地发展，用行动书写无悔于时代的青春篇章。

■ 参与中华人民共和国成立 70 周年庆祝大会志愿服务

## 二要实干担当，扎根服务大局

在新时代新征程上，青年一代需要厚植家国情怀，既然选择，便要不负初心。2020 年，我如愿成为一名研究生支教团志愿者，来到宁夏南部山区上岗服务，地区偏远、交通不便、师资匮乏、家庭教育观念相对落后、几百名学生对知识迫切需求……作为首都高校毕业生，目睹偏远地区的发展困境，耳听一句句稚嫩的"老师好"，不断坚定着我彼时的初心。

边远贫困农村和少数民族地区要发展，教育是关键。随着脱贫攻坚战取得全面胜利，巩固拓展脱贫攻坚成果同乡村振兴形成了有效衔接，研究生支教团应该有新的思考和新的作为，不但填补教学师资缺口、承担一线教学工作、投身学校管理事务，还要引进优质教育理

扎根西部 仰望星空——记北京航空航天大学第二十二届研究生支教团

念、提升多维育人作用。无论是周授课量超80学时的多学科教学、班主任工作，还是培优辅困、下乡调研，抑或是组织校园文化活动，工作的核心在于培养青少年，在于支撑"为党育人、为国育才"的责任担当，这是我们对于自身角色的功能定位，也是始终坚守、矢志奋斗、践行"将论文写在祖国大地上"的初心誓言。

### 三要开拓奉献，搭建创新桥梁

大有可为，也应大有作为。以聪明才智贡献国家，以开拓进取服务社会。对于研究生支教团而言，全面育人的有效发挥、桥梁帮扶的资源开发、内生动能的创新开拓，应当是不断追求的目标方向。志存高远、脚踏实地，我们应在虽平凡但无悔的事业中努力作出应有的贡献。

在泾源县，我们搭建思政性、科学性和拓展性的创新桥梁：组建学生国旗护卫队并形成传统不断延续发展，推进党史学习和思政育人系列活动，举办"航空航天兴趣周"等活动播撒科学启蒙的种子，完善创意课程、素质拓展、安全辅导等教育体系，联络慈善基金会开展"悦读成长计划"图书角建设，组织"你的心愿我来圆"活动打通志愿渠道，共建大学生社会实践基地，组织首都游学，等等。依托系列活动牵引教育资源、物质支持、人文关怀，辐射支教志愿者在教育扶贫和乡村振兴方面的功能作用，培根铸魂、启智润心，积极在西部地区播撒爱国奉献的青春火种。

### 四要不断传承，接续家国使命

是辜负青春韶华，还是勇担时代使命？个人的力量即使微弱，但有些事情必须要做，并且需要一代代中国青年接力去做，这份力量源于家国、当行更远。研究生支教团作为连通北航与西部的鲜活窗口，感人又生动的支教故事已经接力讲述了18年，新时代个人与民族、国家和社会构成更加紧密的融合关系，对青年发展应有更高的时代要求，我们正立足广大的视角和格局，应当肩负使命、实践担当，继续用奋斗书写更辉煌的青春印迹。

站在"两个一百年"的交汇点，经历加速演进的百年未有之大变局，我们生逢其时、重任在肩。我们应牢记习近平总书记的嘱托，让青春在为祖国、为民族、为人民、为人类的不懈奋斗中绽放绚丽之花。

## 扎根西部 仰望星空
——记北京航空航天大学第二十二届研究生支教团

# 支教日记：一年为期

□杨晓龙

"缺氧不缺精神、艰苦不怕吃苦、海拔高境界更高"——习近平总书记在中央第七次西藏工作座谈会上的叮嘱常常在我脑海回响，时刻警醒自己作为新时代青年所肩负的使命。在西藏山南市职业技术学校支教的一年中，我觉得所收获到的远远多于自己能够给予这里的。一年短暂的时光，让我同这里的人们相识相知，让我同这里的事物相系相连；一年难忘的经历，翻新了我贫瘠的生活，增添了我精神的沃土。在经过这一年的支教时光后，我想应该能更好地投入研究生阶段的学习和科研中，今后更要不断提升和促进自身的发展，以一个更好的姿态回馈社会、建设祖国。

## 2020年11月6日——对学生的初次认识

看着教室里学生们不同的面孔，我很容易就陷入回忆，回想起我那短暂的高中时光。那些艳阳高照的夏日、乌漆麻黑的深夜、秋风瑟瑟的傍晚……我将那些岁月的画面写成过一本诗，讲述着我眼前发生的事和我心中绘出的画。那时的我总在想今后的人生该要去向何方，总想着要逃避、跳出我所生活的地方。

那么现在这些学生在想什么呢？我无从知晓。或许我能给予他们的，就像当时我的老师给予我的一样——毫无保留地把自己的知识传授给他们。如果无为而治、任其发展，那必将导致两极分化严重；如果态度严厉，或许对他们的增长会更多。对自己而言，我信奉"野蛮生长"，这多少会让我有点偏执的感觉。但对于这些学生呢？等他们意识到自己已经错过了最好的生长阶段，还会有信心和能力去"野蛮生长"吗？

■ 支教班级学生

学生说他们爱看抖音、爱打英雄联盟、爱喝酒蹦迪，而我对于这些事物都几乎未曾接触——我无法理解他们的世界。回想我的高中时代，伴随我的大都是每周一更的杂志、梦里梦到的小说、挥洒汗水的篮球、昏昏欲睡的课堂、独自留校的深夜。对于网吧，我觉得厌倦；对于酒吧，我感到恐惧。

## 2020年11月23日——进入冬季的山南

这边的天气开始变冷了，雨夹雪将在周六的某个时刻降临。彻骨的寒冷从床头蔓延到桌面，甚至透过玻璃窗户散布到外面那棵苍翠的松柏上。松柏上的一只麻雀可能被寒冷折服了，沉沉地撞在我的窗户上，留下沉闷的一阵声响和被冻僵的一具尸体。

晚饭过后的天空中，大雁排着"人"字形的队伍、吹着口哨向北飞去，寻找它们觉得安稳的地方。向北，应该是雅鲁藏布江、唐古拉山、可可西里、吐鲁番盆地、天山山脉，再往北就该到西伯利亚高原了。哪里有什么温暖舒适的地方呢？看到这些大雁排着整齐的队形一

往无前地朝北飞去，我竟哑然失笑。

这里的生活还算如意，工作也十分称心，与老师和学生的交流也还过得去。每月的补助吃饭肯定是够了，余下的许多可以供我买书和衣服之类的非必需品。起床、洗漱、早点、工作、午饭、午休、工作、晚饭、读书、运动、睡觉，好像生活也就这样。只是在某些时候一些外人的参与，让生活偶尔泛起涟漪。

## 2020年12月4日——回忆造成的空间交叠

清晨，大雁飞向南方雅砻河谷的深处，寻找温暖的河滩来觅食；傍晚，它们又吹着哨子回到北方江滩上的家，温暖的蓬草将褪去它们一整天的劳累。麻雀整天在树梢上叽叽喳喳，跳跃着、飞翔着，为窗外静滞的景色增添了几分生趣。四五头牛下山来到楼前的草坪中吃草，悦耳的"叮叮当当"声和厚重的"哞哞"声，打破了校园的寂静。天空中没有云，大部分时间风也是静悄悄的，仿佛这里的生物一直在这种安静与祥和中生活。然而，沙航的风很大，吹起尘埃、沙子甚至吹走了来自太阳的热量，在冬天很少能够看见有活物走在外面。从沙河地铁站到学校有两公里左右的路程，走起来也不过二三十分钟，然而夜晚的寒冷仿佛延长了两地的距离。

去年这个时候，我还坚持每周完成经济学二学位的课程，需要坐校车到学院路校区上课再从那边返回。很多时候都挤不上返程的校车，所以常常坐地铁回到沙河，路上往往是孤身一人。刚开始，一个人眼看着前方、脚下继续走着，心里却总在想别的事。留给自己太多时间去思考，是一种毫无目的的精神探索，只会让我感到无助、空虚和乏力。后来，我用音乐和小说来减少自己思考的时间，将思考的维度嵌入耳机和屏幕之中。但是无用，当看着黑暗中星星点点的灯光、身旁川流不息的车流，我就会停下音乐和小说继而陷入茫茫无所期待的思考中。

落日的光辉把对面山坡照得金黄，让人联想到明天会是个好天气；蕨类生物的遗骸为山坡增添了诸多纹理，在山的那边也一定是丰富多彩的。

## 2020年12月6日——"物交会"一日游

高原让太阳离地面更近，而其低纬度也让太阳高度角比家乡和北京大了很多，这里的冬天实际上暖和很多。当阳光最强烈的时候，疾驰而过的汽车将晒干的泥块碾得粉碎，只留下充满尘埃的空气。我们一行两人就在这样的天气、这样的道路上缓缓移动着，借助自行车实现了空间中的位移。棉帽可以遮住耳朵，头巾护住了我的大半个脸，而车子正带着我从一个地方走向另一个地方。因为运动量大的缘故，我感觉就像在夏天骑行一样，完全感受不到丝毫冬日的寒冷。

■ 物交会

物交会是那种商品博览交易会，在此期间当地人会拿出自家产的食品、手工艺制品和其他商品来展出售卖，很像一年一度的赶大集。在我的记忆中，十多年前家乡每年也会有一次盛大的展销会。衣服、吃食、游戏、日常用品等，几乎应有尽有。有人首蛇身、胸口顶铁杵的怪闻轶事；有青蛙游戏、橡皮桌球的欢愉快乐；有对白花花的棉花、尖溜儿（小偷）的深刻记忆。展销会是我童年的重要记忆之一，是家乡印记中不可或缺的调剂。

去往物交会场地的道路虽然布满灰尘，但十分宽敞、很适合骑行。回程的路上，正好能够窥见雅鲁藏布江的冬容，我们直接拐上了泽当大桥。站在桥上，向下望去是雅江一去无返、奔流不息的豪气；向上回看是它娓娓而至、曲折蜿蜒的秀气。从雪山融水到奔腾江流，它的一片冰心是否已被热血冲散？我望着江水远去的方向，听它一往无前的低吟，想着万山阻隔而激起的漩涡。

■ 雅鲁藏布江的冬容

## 2020年12月7日——行政值班的夜晚

晚上没有太大的风，马路上扬起的灰尘缓缓飘到学校里面，使得操场上空像是笼罩了一大团雾似的。这团灰尘让马路两旁的广告灯变得有点模糊，但是它的渺小体积依然无法阻挡星空的浩瀚。北半球的冬季使得地轴倾斜角与夏季有了很大的不同，导致我们所见到的星空分布也发生了变化。

这里学校的分布不是十分整齐，有很多空置的建筑还未拆除。从校门进来，右手边是行政综合大楼，左手边是篮球场、操场。当然，紧邻门口的位置还布置了几间小小的警卫室，以及与篮球场相连的地方也有二层的办公楼。我们的办公室就在与篮球场相邻，且就紧邻门口的二层的办公楼。平时上课要穿过篮球场，到达排列在运动场边上的四栋教学楼里。如果是去给兽医专业、作物专业上课，那么就得穿过刚刚那四栋教学楼去到后山的教室。穿过后山的这些教室还能往里走，不过倒是没有什么教室或办公楼了，在那里看到的是一大片树林和远在山腰的羊圈、牛棚之类的建筑。在之前一次行政值班的过程中，我和次仁罗布曾一直爬到了学校的最里面——也就是后山的羊圈、牛棚那里，从上往下几乎可以看到整个城区。

接近22:00的时候，我们行政值班的老师开始了例行检查。一行人穿过操场，到教学楼开始一栋一栋地筛查，查看有没有学生逗留在教室里。在确保教学楼已无闲杂人员后，我们辗转来到了后山那片树林，继续检查有无学生逗留。之后我们又例行到男生寝室检查，不料在未进寝室前就发现了有学生在宿舍抽烟——这几个学生自然免不了批评和惩罚。还有学生打架、顶撞宿管老师、不穿校服、抽烟，等等。

当风沙被雅鲁藏布江两岸的树林挡住，那些年长的人仍然会回忆起从前风沙在城中肆虐的情景。然而年轻人从出生便没有经历过沙尘的袭击，他们往往会不自觉地以为这个地方本来就是这样和谐平静。等到人们完全遗忘了那段回忆，等到他们肆无忌惮地消耗掉保护的屏障，那回忆将成为残酷的现实无情地吞没这片宁静。

■ 支教服务学校

## 2020年12月8日——对早恋的"打击"

由于大批老师参加培训，导致很多课程和自习多由其余老师代课或直接空缺，这让学校提前了期末考试和放假时间。从7月底至今，自己还没有什么作为就要回家，想到这些心里总是空落落的。

今晚行政值班的时候，索扎老师带着我们几个年轻老师去"抓"谈恋爱的学生，从操场到教学楼又是一番堪称警匪大片的行动。借着夜色，一行四人悄悄从操场穿过。先驱散了三四对牵着手的男女学生，接着对那些执迷不悟的学生眷侣们进行了批评教育。为防止学生逃跑，索扎老师指挥我们左右包抄。抓到学生后先进行言语上的批评，再分别拍照取证。第一次的抓捕比较顺利，那对学生眷侣并没有逃跑，乖乖地就束手就擒。然而，面对接下来几对违反学生纪律谈恋爱的当事人，可以说是比较棘手。在抓住一对男女生之后，男生拍完了照片，而女生却趁机跑了；在堵一条小道的时候，男生直接逃走，只留下了女生一人。

在学生时代，大部分人可能都会对异性产生暧昧的情愫，然而却往往来自生长发育时的冲动。我也不知如何去评判这种现象，只是觉得学生时代应该受到更多引导。

## 2020年12月11日——态度的转变

星空依旧耀眼生辉，沉静的银河之下是冻得发紫的山峦，干燥的空气中灯光显得苍白且无力。直到0:25时我才回到宿舍，照了照镜子才发现自己的眼睛充满血丝。从19:30晚自习开始我就一直咳个不停，这里干冷的气候终于向我这个异乡人动真格了，让我的喉咙和气管干痒难耐。看晚自习的时候，我的潜意识告诉我对学生要严厉，大概是受了索扎老师这些天教育学生的影响。总的来说，由于我的几次"下手"，学生变得乖了许多。"严师出高徒"，只有当了老师才能明白这句话的深意——对学生来说严厉是最公平的一种教育方式。刚到此地，好多老师就告诉我们说要隐藏自己的志愿者身份，不然学生不会拿我们当一回事。直到现在，我的大多数学生也未曾知晓我志愿者的身份，他们仅仅把我当作一名新进年轻老师对待。那么从我的角度来说，也确实应该达到一个正式教师的要求，严厉的态度和一丝不苟的教学就是基础。

周五的行政值班不怎么平安，出现了多起学生打架的事件，搞得我们直到午夜子时才能结束。幸好每个发生打架班级的班主任都及时赶到，处理完送往医院检查和批评处分的琐事。同在一起值班的索朗尼布说："当班主任太累了，除非强制我不会当。"看到班主任在深夜驱车赶来，我对尼布的看法深表赞同。高中时代的班主任至今在我脑海里印象深刻，年轻的他十分谨慎，这份谨慎体现在对我们的严厉上。正是高中的这份严厉，让我在之后的生活中都能够严格要求自己。

■ 冬日的山景

大雁仍旧暮归北、朝飞南，像时钟一样准时提醒人们日出、日落，在天空中留下无尽的空白和悠长的回响。

## 2020年12月17日——冬日随记

回家的日子越来越近，不觉间已在此地度过了四五个月。最近患了感冒，整天脑袋晕乎乎的，完全没有精神。直到今天中午我们一行四人去外面吃了一顿饭，我才觉得感冒稍稍变好了一点。

## 2021年3月6日——惊蛰

云团从山的另一头涌了过来，化成一粒粒雪花倾泻而下。远处的蓝天又将这些云团向南驱赶，使得这些雪花最终都将撞在喜马拉雅山上才肯停下。连日的大风吹得空气干燥无比，这样的雪反倒是人们所期盼的。

春季学期开始的十多天里，大风已经造成了两次停电，最近的一次是在昨晚。昨日惊蛰——春雷响动，惊醒了蛰伏在泥土里的昆虫。昨晚，我去到学校后山的最高处，想拍一些关于天气的景象。然而，除了远方已经悠然褪去的薄云，剩下的就只有风了。站在光秃的山冈之上，大风几次险些将我掀翻。到最后，我并没有拍到什么值得一提的照片，反倒是吃了满嘴的沙子。写到这里，刚刚的雪花已经停歇，归还了晴朗的天空。翠绿的松柏间传来徐徐清脆的鸟叫声，还未发芽的柏树上枯叶沙沙起舞。风吹动着树梢仿佛在指挥大自然的交响，原来这才是它真正优美的时刻。风停了，留下雪花湿润嫩芽，留下薄云萦绕远山，留下朗日渲染蓝天。

这学期开始，我有机会担任2020级学前（3+2）班一个月的班主任，原因是原班主任索朗扎西老师请假。

20:33时许，我与耿壮壮、李浩源吃了一顿饭，回到宿舍已是夜幕将至。在门口的红绿灯前，遇到了几位老师，突然觉得与他们并未有太多交集。渴望相互认识又恐惧社交带来的麻烦，这种矛盾让我在此时空虚且无力。我还能有什么所求呢？不愿意轻易让事情有所发展，只晓得在书中窥探别人的故事。在学生面前，我其实是一个不完整的人，没有太多生活经验能够分享给他们。我也只能按照自己所学、所知、所信的教条，竭尽所能地向其"传道授业解惑"。

■ 岗位工作的日常

## 2021年4月15日——春日随记

春日悄悄到来，抽出嫩芽的杨柳像姑娘的长发，随着微风丝丝摆动。风变小了，灰尘也变少了。越来越高的太阳把温暖也送到了春天的大地上，人们已经快要忘却那严寒难耐的冬日。每天，被朝阳映红的西扎山也不再那么冷峻，而是变得和煦了很多。已经好久没有看到大雁飞过，反而多了麻雀和不知名的大鸟在校园里乱窜。

## 2021年5月4日——远游的风景

短暂的停留总是让人印象深刻。措勤的海拔是4700米，刺眼的阳光和巨大的温差令人难忘。湖鸥在县城的上方和周围徘徊，估计它们栖息在扎日纳木错或在县城里觅食。傍晚的天往往会沉下乌云，飘起雪花或者坠下冰雹。如果没有干冷凌厉的寒风提醒，漫天的湖鸥和开阔的陆地很容易让人联想到海滨的小镇。

从拉萨前往措勤的路线和返程的路线是重叠的，海拔落差有将近1000米，沿途的景色也是随着海拔变化而变化的。从拉萨到日喀则，大巴车主要穿行在雅鲁藏布江上游峡谷地带，道路随意地"挂"在江边陡峭的岩壁之上。碧绿深邃的江水翻涌不止，踊跃的浪花似在诉说着对未来的憧憬；陡峭险峻的高山高耸入云，裸露的断层展示着其成长的印记。从日喀则到措勤，道路往往在高原草甸之上，已经见不到高大陡峭的山脉了。途中大概可以见到藏野驴、藏羚羊还有牦牛，进入阿里后会时不时看到高原湖泊——"一错再错"；除了偶尔路过的村庄和城镇之外，就只剩下沉浸在茫茫白雪中的草场和远山。

回到山南已是17：00，阳光投下树木的影子，斑斑驳驳。我穿过那些树木的影子，匆匆回到宿舍。

### 2021年5月6日——雷雨随记

远方隐约传来雷声，仿佛刚刚的惊雷还在耳中徘徊。那震耳的雷声，伴随着激烈的雨点和冰雹一同砸向窗户，窗外的一切都为它所震颤。然而此时，外面的水洼也不见激波，雷声和雨点都已迅速地向北飞去。

方才的雷和雨现在已经去浸润其他的山脉，丰沛那些远方小溪和大江，而这一切都是我们无法看到的。徐徐微风吹来，飞鸟在窗前屋头盘旋，嫩芽在草间树梢跳跃。未来会怎么样呢？飞鸟远游、嫩芽壮实，它们都会找到自己的归宿、完成生物循环。两个月后我也要离开这个地方，热烈或冷清的课堂、轻松或烦琐的工作、虚伪或诚实的人们、欢乐或孤独的餐食、温暖或寒冷的宿舍，却始终与我相伴。

### 2021年5月21日——驻村点的老师

已有两周未写笔记，这些日子每当翻开这些文字都会有些迷茫，不知从何写起、不知写些什么。今天跟着阿旺次仁老师去了一趟职校的驻村点，8：00出发一直到21：00才返回学校。

4500米的海拔、刺眼的阳光、甘洌的空气——这就是今天去到的驻村点——浪卡子县多却乡卡东村。50多户人家、近300名村民，生活在这片土地上。那些用石头砌的房子，紧凑的排列在一个小山丘下，看上去即使寒冬的狂风也无法撼动。与紧凑地村庄相对应的是，排列整齐且开阔的农田以及拥抱天空的辽阔草场。这里的村民主要过着半农半牧的生产方式，村庄旁边的农田便是耕耘收获的地方，容易照料的黄牛和绵羊是主要的牲畜。

■ 与驻村点老师一起

四五个小时的车程，让驻村点和职校连接起来，让原本陌生的两地有了千丝万缕的联系。在离家很远的地方，驻村老师将奉献自己一年的时光，把本应陪伴家人、享受年华的日子奉献给了祖国的土地。

## 2021年5月24日——关于学生A抽烟的辩论

时间成了一缕缕绵延不尽的声音，它是夜晚窗外呼啸的风声、清晨清脆灵动的鸟叫。今晚自习的时候，坐在讲台边的两个女学生和我讨论了一件事情。情况是这样的，学生A之前在晚自习的时候请假去厕所，回教室后被我发现抽烟。所以，我告诉学生A以后晚自习不能请假上厕所，这也是对他抽烟行为的一种惩罚。今晚，学生A找我请假上厕所，我当然没有同意。之后坐在讲台边的两个女学生跟我讨论，说我应该让学生A去厕所，并给出了理由。她们的理由大致是：首先，几乎所有男同学都抽烟，而我只惩罚了这一个学生；其次，学生A经常遭其他饭伙（指常在一起吃饭、分享自己的物品的一伙朋友）的欺负，学生A比较弱势应该不会、也不敢再在晚自习期间去抽烟。我跟她们说，我不同意学生A的请假是因为他做了错事，而这错事的后果也必将由他承担。我能做的，就只有在这晚自习一个半小时时间内，不给他抽烟的机会。然而，我也看到学生A一直趴在桌子上做难受状，因此便动了恻隐之心同意他上厕所。结果，在学生A回到教室后我便大失所望，一身的烟味让我明白这种宽恕就是放纵。也许我应该更狠心一些吧。

仔细想想，也许我们并不应该只是简单地禁止学生吸烟，而是认真讨论他们为什么吸烟。父亲、亲戚、老师，这些孩子们心中视为权威偶像的人，可能就是引导学生抽烟的主要人物。此外，在大部分学生都抽烟的校园环境下，更有可能是随波逐流的心态让学生染上了香烟。最后，大概就是现阶段叛逆的心理让每个人都想做点违反规则教条的事，对学生来说抽烟便是一种叛逆的象征，希望他们心中是排斥香烟的。然而，也只是因为少年时期的那份迷茫和对未知的恐惧，让他们选择让自己成为迷茫和未知的一部分吧。

## 2021年5月29日——普通的日子

白天的故事颇为单调，晚饭的时候和索朗尼布、扎西顿珠、祁小英三人一起去白日街吃了烤肉。夜晚的风依然呼啸，只是带了些许温度，让人感觉不再那么刺骨。太阳在19∶30之后才从山的边缘缓缓向下，天空中已许久不见大雁的身影和声音。在这样舒适的环境中，我的身体却不大适应了。感冒、湿疹将我的时间拖慢，无时无刻不在向我发起挑战，快要将我吞噬在这个阴冷潮湿的房间。

## 2021年6月17日——嘎玛杰布

这是一段来自7月的回忆，这天学生的一番话让我久久不能忘怀，所以决定补上这一天的日记。学生嘎玛杰布来自那曲，没有接受过完整的小学数学教育，升到初中后也未能跟上数学学习进度。

晚自习上，我打算让嘎玛杰布发一下作业本，他微低着头带着羞愧的语气跟我说："老师，我不认识大家的名字，班里同学的名字我只认识里面有'嘎'字的。"此时此刻，我心灵深处受到了极大的震撼，但我还是强忍住了。一瞬间我想了很多：汉字认识这么少是如何学这么多门课？他在平时受到这种压力和茫然该有多少？我想鼓励一下他，于是就说：那你藏文课应该学得还不错吧！你最喜欢的课程是什么？他说："数学。"我轻松地笑了，真实地欣慰和开心。我说：以后不管学什么，遇到不会读的汉字就拿字典查。没关系，学什么都是从

■ 晚自习

不会开始的，我们每个人都是这样的，慢慢积累就好。

在数学课教学的过程中，我很早就发现很多学生的基础特别薄弱，有的甚至没有听过"分数"这个概念。我总是给他们一遍遍讲：不会没有关系，我们可以学。于是把这些概念逐一剖析，让学生能够理解为止。我想：我个人赋予支教的意义，并不是提高了这里的教学效率或成果，而是用自己的努力去扶起孩子们学习的信心和志向。

## 2021年7月1日——100周年

■ 建党百年系列活动

庆祝中国共产党成立100周年，昨晚文艺会演，今早大会直播。同职校的老师和学生一起，我很荣幸能够见证这样一个时刻，也很自豪自己能够作为党员接力100年。个人的苦难是无法避免的，但是我们可以改善一个群体的境况——这是我的精神支撑。

我深爱这片土地，爱这里的人民。

## 2021年7月5日——提前的送别

上周五晚上，天空灰着脸下起了阴雨，而我度过了一个最快乐的夜晚。拉加、尼布、扎顿、洛桑和我聚在一起吃了一顿烤肉，为的是送别即将离开此地的我。末了，我们五人又去了KTV喝酒唱歌，后来又有桑杰白玛、旦增益翁和益西拉珍也一块来了，农学组的扎西顿珠也在凌晨一两点过来了。

一载春秋，转瞬即逝。初来此地，无亲无友、孑然一身。很幸运的是，同年有二十多名新老师也上岗了——他们年纪与我相仿，大部分都是刚刚大学毕业。最开始，萨珍、拉加和我一块儿听了两周的数学课，因此最开始认识和熟悉的就是他们二人。萨珍是日喀则的，拉加是昌都的，我是甘南的，我们三人也正好都是从航空航天命名的学校毕业。最近这两个月，拉加和我经常打篮球，有的时候一块儿吃个晚饭。可能是年轻人相互间有更多认同感，我虽然也跟科室的几位老师都很熟，但却总觉得没有太多共同话题。然而，跟这些年纪相仿的老师一同就有很多话题可以聊，尼布最开始就是我在上学期行政值班的时候熟悉起来的。我一直特别渴望能够成为他们中的一个，希望能够一同上下班、一同吃饭、一同回家。

那个夜晚，我成了他们中的一个。久违的认同感和归属感让我放下所有戒备，让我褪去了矜持和克制的盔甲。微醺的酒意、熟悉的歌曲、欢快的游戏、忘我的摇摆，我置身其中、乐在其中。原来，我们喜欢的歌曲是一样的，从亚东到周杰伦再到民谣和网络歌曲，每一首旋律和歌词都仿佛在诉说我们的故事。很长时间我已经无法在他人面前流泪，但那个夜晚我却热泪盈眶。拉加说了很多，给了我最好的祝福和最真挚的认可。白色的哈达绕着我，带着所有人最美好的祝福，在我心中留下无法忘却的美好记忆。后会有期,江湖再见!

## 2021年7月8日——曾经的回忆

之前在凌峰认识的学姐程艳红来西藏了,现在已是人大自由人的科考队成员,随队来西藏做科考调研、户外徒步。对于凌峰的朋友,我已经好久没有联系了,感觉自己总是亏欠着他们。2017年在云南丽江、迪庆的故事我还未详细述说,总是心头的一处牵绊;2018年社团和科考的日子我也未曾提起,或许那就是我人生的转折。

孤独漫长的夜晚总是相似,而那些不同寻常的夜就是调剂。呼啸的风拍打着帐篷,让裹在睡袋里的心常有异样的躁动。与自然零距离、与朋友无间距,是夜里面对满天繁星、茫茫宇宙迷茫时最好的抚慰。在凌峰的时候,总有机会去和大家背着重重的登山包,在山里度过一个个夜晚。在繁星和月光的辉映下,我们听着风声、鸟鸣、水流入睡,把一切交给相互间的信任。

那些如烟岁月终还是离我远去了,那些惊艳岁月的人们也渐行渐远,终究只剩我自己一人。

## 2021年7月12日——2019级兽医2班

清晨的阳光十分刺眼但却温暖柔和,上到后山的教室时我已睁不开眼,身体却得到了舒展放松。进到教室,看到那些熟悉的面孔,将要离开的心绪让我有些伤感。晚自习的时候,我又执行了同上学期末一样的严厉冷酷,想让他们在最后的两周静下心来学习。

经过一年的晚自习,我已经能够清楚记得2019级兽医2班每个学生的样子,可还是辨别不清每个人的姓名。他们并不差,并没有恶劣的行为、没有叛逆的言辞,有的只是我们都曾有过的迷茫。在节日的舞台上、团课的学习中、操场的运动里、学校的劳动中,我经常能够看到他们每个人的身影,就像看见曾经的自己一样。有同学曾问我:"您当老师后悔吗,因为我们上课的时候并不听话?"我说:"每个人

做什么都是自己的选择，我不会为他人的选择而后悔。"

■ 镜头下的学生

## 2021年7月23日——最后一堂课

最后的一堂课，我同往常一样严肃。最近很纠结，一方面是知晓归期后的焦躁；另一方面是离开此地的不舍。我太喜欢这里的人了，每一个学生、每一个老师、每一个陌生人，都是我今后人生力量的源泉；太喜欢这里的生活，日出日落、风起雨落、莺飞燕舞，都伴着无穷无尽漫长的岁月。对于学生，我一直隐瞒着自己志愿者的身份，直到最后这一周才告诉他们。

■ 离别前的相聚

# 一颗酸仔糖

□马文清

"糖摄入是人类天生的欲望，因为糖能提供巨大的能量。"对此我很认同，但这点在我身上却没有什么体现。

很奇怪，我不爱吃糖，糖醋里脊吃不惯，甜味的汤喝不惯，唯一能接受的比较甜的食物就是雪糕和冰激凌了，也许是从小家里教育的"吃糖长虫牙"的观念，让我对糖没有太大的欲望。

特别是那个棒棒糖，又硬又甜，包装袋还难撕，吃一根感觉能过去一小时，从小到大，我对棒棒糖都是敬而远之。

糖，小孩子才吃的东西，成年人再吃就是没长大的表现。

刚来宁夏支教地没几天，我们就迎来新身份的节日——教师节。做完早操后，我们按照惯例来到主课办公室、等着拿剩余的鸡蛋，只见一群学生拿着他们精心准备的礼物、欢天喜地地寻找他们的任课老师，把礼物塞到老师的手上，再蹦蹦跳跳地跑回班级。

■ 用棒棒糖拼个五角星

说不羡慕是假的，不过我们才刚刚代课，教的还是副课，大部分学生还没法把科目与我们这些老师的脸对上号，还是不奢望的好。

正当我们继续等待鸡蛋的时候，几个学生抱着一大串的棒棒糖向我们跑来。"老师给你！"瞬间我们每个人的手上都多出两三根棒棒糖。

开心是肯定的，但不得不说这里的阿尔卑斯味道不纯，齁甜齁甜的。

因为工作的特殊性，我在教学之外还负责学校国旗护卫队的建设工作，须知护卫队不同于田径队，也不同于少先队，这支队伍还很年轻，管理经验还不足，又重在传承，对于学生的自觉度和忠诚度要求很高，因此我以身作则，每次训练除特殊情况外基本都到场，久而久之，跟这帮学生也产生了浓厚的感情。

学生是很单纯的，他们喜欢这支队伍，觉得他们的指导老师很厉害，便经常拿糖果给我吃。于是在众多糖果中，我发现了一种宝藏糖果——酸仔棒。

酸仔棒没有棒棒糖那么甜，个头小，扁平状，包装袋一撕就开，含在嘴里一会儿就吃完了，这种糖果在别人眼里肯定比不上喜之郎、阿尔卑斯，但是在我看来，这样刚刚好。

而且，酸仔棒真的很好吃，菠萝味和葡萄味的口感最佳，青苹果味的有点酸，我只吃过一次就果断放弃。含在嘴里，就感觉是硬版口嚼糖，满满的水果清香，不会出现磕着牙的情况，也不用担心出现上课前吃不完的情况，美滋滋！

■ 国旗护卫队某次升旗任务后合影

于是每次训练前，我亲爱的梦情队长总会塞颗糖给我，有时是酸仔棒，有时是泡泡糖，没错，我还会吹泡泡。

成年人，也是可以吃糖的，吃糖怎么能算是不成熟的表现呢？再后来进入6月，穿件短袖就能外出了，学生的零食也从糖果变成雪糕，"老师吃一口。""不（我）用（很）不（想）用（吃）。""老师吃一口嘛！"那我就不客气了。

当然我也不会白吃白喝，5月运动会开幕式，学生们穿着礼服汗流浃背，但为了展现出最好的一面，没有人喊累放弃。等仪式结束，我立刻带着几个学生出去买了一大袋雪糕干脆面。再之后，我们的服务时间将满，要返校述职，学生每年都要送走一批研支团的老师，对于我们的离开，他们是心里有数的。在离开宁夏的前几天，学生兰兰和凤娟抱着一大把酸仔棒，风风火火地赶到办公室，放下后又跑回来训练。到临走的前一天，也就是星期五，我们几个支教团老师的桌上都堆满了学生送来的礼物。

磊哥的桌上摆满了毛茸茸的玩具，可能是他的学生觉得他胖乎乎的很可爱？靳老师桌上好多巧克力，应该是嫌他平时不带他们打篮球、能量不足。

至于我，一桌子的酸仔棒。周六早上，学生们商量好了来送我们，结果又塞给我一大包酸仔棒，我的行李愣是多出来一件。

这个暑假的零食，让他们给承包了。

"这是我学生送我的糖，很好吃。"

"是挺好吃的。"妹妹给出很高的评价。

"知道他们为什么送我糖果吗？"

■ 满满一桌子零食

"为什么呢？"

"因为我的学生说：'老师，吃糖果能让人开心，如果你以后遇到伤心难过的事，你就吃一颗。'"

吃糖，确实是人类与生俱来的欲望啊。

# 保持热爱，奔赴山海

□刘依凡

告别巍峨的天山山脉，一路向东，我回到了北京，很难想象一座仅仅相处了一年的城市竟然可以直逼故乡在我心目中的地位。一年前，我收拾行囊带着憧憬与期待动身前往新疆昌吉吉木萨尔县，短短的时间里我遇到了困难、收获了情谊、增长了本领，刚到吉木萨尔时曾对它有千般抱怨，但都在离开时化成了对它的万般不舍。

## 困难多，但办法总比困难多

刚到吉木萨尔完成了县项目办的培训，我们即刻就投入一线教学工作中。教学目标、教学计划、教学反思、听课记录等一系列说不上熟悉的名词突然就环绕在自己身边，刚刚从图书馆借到的教材还没捂热，第二天就将被摆在三尺讲台上，今天到达、明天上课，留给我们的准备时间并不多。那个星期的我像干渴的海绵，也像旋转的陀螺，旁听老教师的日常课、询问代班老师及班主任本班的学生情况、查询

■ 终于成长为一名还算像样的老师

不同的公开课和优秀教案、和同伴们一起讨论教学方法……从未曾参与过一线教学工作，到了解每课教学目标、掌握有效教学方法、熟悉

■ 和阿茹娜老师一起做的水煎包

教学准备过程，我实现了从学生到老师的转变。但背井离乡的困难远不止在工作方面，虽然同在北方，我却实在吃不惯新疆独特的羊肉包子、手抓饭。曾经跟父母信誓旦旦说不学做饭吃食堂的我最终还是向生活低了头，成长为一个厨艺界的"半吊子"。

## 学生调皮，我却总被他们的礼物"收买"

来吉木萨尔的前半年我教授二年级的学生，很难想象他们小小的年纪却蕴藏着如此之大的破坏力：回办公室接杯水的时间再进教室就会看见推推搡搡倒了一地的学生；上一节体育课就数不清多少学生丢了水杯和校服；课间好好出去的孩子，再回班里不是磕破了膝盖就是划破耳朵出了血。

而下半年我教授的四年级的孩子们才是对我真正的挑战。这些孩子们熟悉了校园生活，各有一套对付老师的办法：每天的作业本难以收齐，收上来的作业本里也是偷工减料；作业照抄答案抄错了小数点还抵死不认；叫他们起立询问，经常收获无声的嘴巴和倔强的眼神。

而我能做的就是打入学生内部同时把课讲得更好。课间我和他们聊天了解他们的爱好和现在每天

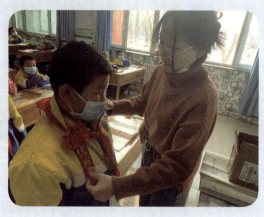

■ 奖励优秀学生红花和贴画

234

的生活情况。户外运动时间我和他们一起投篮；学完全花和不完全花我就自费买了两只百合带到课堂上；没有办法亲自动手的实验课我就给他们放视频。

努力总会有收获。有的学生课堂上眼睛亮了起来；有的学生作业更加工整；而有的学生虽然表现还是差强人意，但也算对课程有了一些兴趣。这些小家伙们总会用不同的方法传播对我的善意。明明是他们的六一儿童节，却给我送了许多糖果；没有好好上课却会偷偷塞给我一张装饰精美的道歉纸条；没什么缘由桌子上却会平白出现他们送的一根香蕉。每一份他们亲手制作的小礼物我都拍成照片，以便好好珍藏。

■ 学生送的糖果总是格外香甜

都说热爱可抵岁月漫长，一年的时间我竟然觉得只是一个眨眼，曾经对学生的愤怒与委屈现在想想其实根植在对他们的爱上。爱之深、责之切，正是因为看到了可爱的学生们，所以更希望他们可以走在正途上，学习知识，增长才干；正是因为想为这片土地做些什么，所以不论有什么困难，总是想咬牙克服。

自知能力微薄，教学可能比不上经验老到的老师们，但我们也努力地提高了学生们的成绩，当学生跟我说以前只有60分现在能考80分的时候，我觉得做的一切都有回报。当我们组织书香系列活动和航空航天文化节活动的时候，我们邀请了嫦娥五号副总设计师前来宣讲，让学生亲手制作小飞机、小火箭并放飞，看着孩子们兴奋的笑脸，我觉得我们可能真的留下了一些东西在学生的心里，那是可以破土萌芽的种子。

最后，也希望北航研究生支教团能够始终薪火相传，不负当代青年社会责任，不负自己热爱初心！

■ 很开心能为吉木萨尔的孩子们留下一些东西

# 我的支教回忆

□ 靳树梁

2020年9月2日，我怀着满腔热忱来到了服务地泾源县新民中心小学。

出发之前我了解到，泾源县新民乡位于宁夏最南端，在20世纪90年代属于西海固地区，不便的地理位置和恶劣的自然环境，一直阻碍着当地的发展。但是一路上的所见所闻证明网上说的那些已经过时了，这里的生态环境相比20世纪发生了翻天覆地的变化，满山遍野都是郁郁葱葱的树林，我和我的同事们打趣说："以后周末休息时，咱可以随便在这山上挑一个地方野营，多棒的环境呀。"因为这里气温低的原因，大部分庄稼还没有到收割的时候，可以看到道路两旁的庄稼长势很旺盛，不禁感叹咱们国家的脱贫工作确实取得了很大的成效。

到学校的第一天，孩子们应该是刚刚报名结束。大家都用好奇、热情的目光看着我们，保安大叔帮我们搬行李。有一位大叔特别健谈，搬行李的过程中和我聊起了篮球，说以后有时间和他一起看比赛。学校老师们的热情，让我很快熟悉了陌生的生活环境。

■ 泾源县新民乡一景

前一个月的支教生活还是很轻松愉快的。凉爽的天气、新鲜的面孔和与学生时代不同的生活方式，让我对每一天都充满着好奇与期待。我每天带着相机拍照，拍蓝蓝的天空，拍形状各异的云朵，拍我的同事们第一次站上讲台的激动与兴奋，拍国旗护卫队孩子们训练时的付出与汗水。有一次课间活动，一群学生在走廊喊住我，说想让我给他们拍照。他们三五成群地站在镜头面前，露出一张张灿烂的笑脸，快门一次次地被按下，镜头后的我也一次次地笑了。后来我在翻看相机里的照片时发现这群孩子就是五年级一班的小孩。

国庆假期结束，服务地小学由于老师的调动，五年级一班的语文课没有任课老师，校长当时无奈又着急地对我说："学校实在是找不到专业的老师了，你要克服一下困难。"虽然这个任务是一个很大的挑战，而且相比之前一个月的工作量会大很多，但我打心底里是激动的、兴奋的。作为一名严厉的主课老师，承担的任务重心不再是开阔孩子们的视野，而是要让孩子们在我的课堂上学知识、打基础，为他们将来的中考、高考做准备，接到任务后我也打起了十分精神，准备迎接新的挑战。

从没踏上语文课讲台的我还是很慌张，一节课45分钟要怎么上呢，我的大脑一片空白。经过一晚上的备课，我的第一堂语文课来了——讲解《冀中地道战》第二课时。做了简单的自我介绍后，有一个同学说了一句让我至今难忘的话——"老师，我们这一个月已经换了三个语文老师了！不会再换了吧？"那一刻我愣住了，想到我上小学的时候每天都是想着这个老师我不喜欢，希望学校赶紧把他换掉；而在这个大山里面的孩子们，期盼的是他们的老师不要换来换去。师资力量的匮乏是当地一个很突出的问题，我所在的服务地小学是该乡镇的中心小学，学生人数达到400多人，而一线教师不到20人，这一刻我也意识到了我们来这里支教的必要性。我马上回过神来，斩钉截铁地对孩子说，不会换了。

课堂正式开始了，我首先回顾了第一课时学习的生字词，然后紧接着第二张PPT，是一个地道战的视频短片。短片放完后，我问同学们看完这个短片大家有什么感想吗？结果全班鸦雀无声，我开始有点慌，提前写好的教案也忘记了，赶紧翻开教案看了一眼，结果发现刚刚这个场景是我的第一节课的整个缩影，我很是失望自责，为什么不多熟悉教案，为什么不多查查相关资料，但是就算这节课再失败，我还是得向前看，因为我现在是孩子们唯一的语文老师。第一节课后，在舍友的建议下，我开始去旁听其他老师的课堂，然后重新调整上课方式。语文课题组的老师和我的舍友给了我很大的帮助，我几乎什么问题都问，一篇课文分几个课时上？分别上什么内容？作业怎么布置？怎么批阅？他们都不厌其烦地给我回答。渐渐地，我能自己把控上课的氛围和节奏，也能更清晰、简洁地将知识点传授给孩子们。上课的问题克服了，接下来还有一个严峻的考验，就是管理学生。

首先是课堂纪律，刚开始的几节课学生们好像对新老师很好奇，但是时间一久，那种新鲜感就会消失，孩子们在课堂上就会变得很散漫，有打瞌睡的、有窃窃私语的、有传小纸条的……有时候真的忍不住想下去好好"教训"一下不听话的学生，但是这样就会耽误整个班级时间，影响上课进度。针对这个问题我也尝试了很多办法，除了一些严格的课堂纪律，在每天的上课中，我发现一节课的课堂氛围和纪律的好坏很大程度取决于老师对这节课准备得是否充分，如果在课堂上多设计一些有趣且能够学习知识点的互动问题，学生们自然就不会出现上述情况。

管理学生的另外一个重要方面就在课下，最严重的问题出现在课后作业上。由于班级中有一半以上的学生是留守儿童，缺乏家长的监督指导，再加上师资力量的匮乏，班级中有十几个孩子的语文基础很差，拼音、书写等很多学生都存在不同程度的问题，还有很多抄袭作业、甚至不写作业的坏习惯。我第一次突击检查课后作业的时候竟然发现全班一半的人没有完成，当时确实是一个很大的打击，但是在和课题组老师们交流的过程中，我学习到了检查作业的一些方法，如

■ 需要批改的作业

充分发挥班级中先进生对后进生的帮助和监督，成立学习小组，设立明确的奖惩机制。除此之外，布置作业时难易程度要有分层，以及作业量一定要适中。随着日子一天一天地过去，期中考试来临了，对于孩子们和我都是一次很好的检验。考试监考期间，我竟有些紧张，担心卷子上出现的哪个知识点我没有考虑到；同时也在担心班级的平均分会不会比其他班级低很多，阅卷的时候不断会有老师发出叹息的声音，抱怨有的学生明明讲过的知识点，这么简单就是写不对。回想自己的学生时代似乎也会是老师们抱怨的对象。晚自习时我们班的卷子到了我的手里，孩子们的成绩简直惨不忍睹，竟然有三分之一的同学没有及格，而且更有甚者——有三位同学只考了个位数。我没有像我印象中的老师那样站在班级讲台上一个个地发卷子，而是让他们自己发了下去。好胜心强的我觉得很没有面子，但是转念一想考试的目的不就是为了寻找问题到底出在哪里？于是便和孩子们一起分析试卷，找准后续的教学重点。

期中考试之后，天气开始转冷，气温急剧下降，11月初一场大雪便降临了，刚开始我们还在欣赏大雪带给我们的美景，却没有想到这场雪持续了将近一个多月，每天见到同事打招呼就互相感叹一下"今天真冷""这雪啥时候能停"。我记得当时穿三条裤子：秋裤、毛裤、牛仔裤。整个人每天穿得像一只肥羊。但是就算雪下得再大也有温暖的时候：课堂上当我全神贯注地讲课时，孩子们在激烈地讨论课堂问题时，还有就是和舍友出去吃铜锅、吃烤串时。

■ 互动课堂

说到这里我觉得有必要说一下我的舍友张晓磊，也是我们北航研支团的团长，除了极高的工作能力，他在吃的方面也有很高的造诣。他不仅食量大，而且有着一手好厨艺，火锅鸡、火锅排骨、红烧鲤鱼、菠萝炒饭、打卤面、芹菜牛肉、油焖大虾……感觉什么菜他都会做，用我们宿舍极其简单的锅碗就能做出十分可口的饭菜，而且动作迅速麻利，让那段大雪冰封的时光变得有滋有味。在艰苦的时光，能够保持自己参加支教的初心的人值得我们钦佩和学习，我的舍友就是这样。在大家都因为种种原因懈怠时，他给我做了一个很好的榜样。除了上课（六年级语文），他还会想着如何发挥北航支教团的优势，为孩子们多举办一些素质拓展活动。每个月都会去筹划组织大型的实践活动，航空航天兴趣周、"你的心愿我来圆"活动、趣味运动会、悦读成长计划……这些活动的背后都是他每天晚上回到宿舍加班加点的辛劳与汗水。每次活动、每个细节都精益求精，让我们北航支教团在服务地小学和社会上取得了很好的口碑。有这样一个优秀舍友的带动，让我支教的每一天都充实而有意义。

3月的泾源县依旧寒风刺骨，经过寒假的休整，新的学期开始了。而这个学期学校又出现了老师调动的情况，我也接到一份新的任务——班主任。这意味着除了上好语文课，我同时要在学习和生活上管理好班里的学生。按照我印象中班会课的样子，在第一堂班会课上，我选取了班干部、制定了班级制度，最后说了很多给孩子们也是给自己加油鼓励的话。突然觉得班主任还是很有意思的一项工作，直到后来开始出现各种情况：有的学生经常迟到；有的学生不吃中午饭，家长发来责问的短信（学校统一配餐，由班主任负责每天的打饭工作）；有的学生之间发生矛盾等，几乎每时每刻都会有各种大大小小的情况发生。而我也在这种情况下变得情绪化，对学生的要求也更加严格。

■ 动手做的美食

很快日子来到了5月，学校举办校园运动会，我为班级的每一位孩子报了他们喜欢的项目。每天早上我在班级通知今天的比赛项目，孩子们都拿着笔在底下仔细地记着，孩子们都希望我能够去看他的比赛，于是我也不停地在田径场上奔跑，为他们加油助威。运动会的重头戏——男生、女生篮球赛，可以说让我们这个班级凝聚力更上一层楼。场上的队员们顽强拼搏、场下的观众们呐喊声震天，班里的每个人都在为赢得比赛的胜利贡献自己的力量，我也置身其中，当起了孩

子们的教练，随着赛程一起紧张、一起激动。

　　紧接着就是六一儿童节，排练舞蹈节目是一项让我头疼的事情，选节目、选动作，然后一步一步地去练，虽然大家都很辛苦，但是当舞蹈最后排练成功的那一刻，大家都满意地笑了。六一儿童节当天，孩子们都穿着新衣服，画着红脸蛋，开心愉快地度过了这一天。当我把记录的照片发到班级群的时候，孩子和家长们都在点赞，我的内心也十分地满足。

■ 学校运动会

■ 六一儿童节

　　"天下没有不散的筵席"，很快离别的日子到来了，那会儿真的希望每一天可以过得慢一点，可是时间一点都不会停留。2021年6月19日星期五，是我支教的最后一天，还清晰地记得最后一堂语文课的内容是《童年的发现》。正如这篇课文所表达的内容，我也希望这些孩子们在今后的学习生活中，能够永远保持一颗好奇的心。伴随着下课铃声的响起，我的最后一堂语文课结束了。孩子们神秘地对我说，下午的体育课他们想在教室上。我明白孩子们想要和我告别。下午我为孩子们订了一个大蛋糕，希望离别时候不要那么伤感。当我走进教室，孩子们蜂拥而至地跑到我的跟前，手里拿着他们的小礼物：巧克力、小蛋糕、钢笔、水杯……每件礼物的上面都有孩子们精心制作的小卡片。之后孩子们问了我很多他们好奇的问题。我们有说有笑地度过了半节课，可到了吃蛋糕的时候，孩子们可能是想到了离别，开始小声地哭泣起来。虽然我在讲台上一直劝着大家别难过了，可是我内心何尝不是和他们一样。最后一次放学站队，最后一次护送学生回家，孩子们忍着心中难过，微笑着和我说："老师，再见！"随着孩子们逐渐消失在我的目光中，我的支教工作也到此结束了。

第二天早上我们要出发的时候，有几十个孩子出现在我的眼前，他们拿过我手里的行李箱，说要送我们上车。从昨天到今天发生的一切，让我真切地感受到了这些孩子们的善良、淳朴、感性。他们是那么的真实，那么的可爱。就在我们把行李箱都放上车的那一刻，我昨天绷了一整天的泪水终于忍不住了，和孩子们拥抱了一下，赶紧一个人坐到车的后排，眼泪开始止不住地流……

一年的支教生活中，每一天都是一个新的挑战与尝试，每一天也是那么充实而有意义，我收获了很多工作和生活的经验，也有很多感谢与感动。感谢当地的团委还有学校老师对我们生活工作上的照顾、关心；感谢语文课题组，这个亲如一家人的集体让我一年的工作顺风顺水；感谢五年级一班的50个孩子，他们的质朴、善良，还有与他们共同的回忆将会让我终生难忘，这一年时光没有悄悄流逝，而是永存在我的心中。孩子们，咱们一起加油吧，在我们各自的位置上去拼搏！

■ 最后一堂课

# 关于支教的12件小事

□ 阿茹娜·叶尔肯

## 初学

2020年9月，在经历了新疆疫情封闭和一周岗前培训后，我终于到了心心念念的支教学校吉木萨尔三小。刚进校门，没来得及适应环境，便面临了个大难题。因为疫情这个学校教师数量短缺，我们五个支教老师临危授命成了语数英的主课老师。因为三小是按层次分班教学，我们被分到的班级几乎都是C层班（成绩排名靠后的班级），而我担任六年级两个班和四年级一个班的跨年级、跨层次班的英语授课。

最要命的是，我们来之前学校已经开课两周，期中考试迫在眉睫，因为缺乏老师，我们授课的班级还未曾上过课。当务之急便是如何追赶课程进度，一边让学生适应我的上课方式，一边尽己所能去帮助每一个孩子。

于是战战兢兢的五位老师经常熬夜相约在办公室备课。从课件到板书，从上课进度到授课方式，从和学生交流到和家长沟通，包括如何布置作业、如何批改作业，从0到1地慢慢学习。左手抓着忐忑、右手攥紧热情，我们就这样投入了一场未知的征途。

■ 刚到吉木萨尔和队友一起过中秋节

## Happy birthday

我仍清晰地记得，英语第二单元的课题是"Today is my birthday"。为了提高孩子们的兴趣，我布置了预习作业，告诉学生下周一是我的生日，我会在班里举办一个英语生日派对，跟大家一起分享生日蛋糕，希望同学们好好预习一下要学的生字词。

到了课堂上，一切便不受控制起来。起初为了吃蛋糕，孩子们读单词的热情空前高涨，学会了英文生日歌后最后10分钟，大家在歌声中分食了蛋糕。然而是我低估了六年级孩子的破坏力，有人狼吞虎咽吃蛋糕，有人互相抹奶油，有人举手告状自己被欺负了，有人跳上讲台要给我抹奶油……幸好最后我控制住了课堂，布置完作业，抱着收到的生日贺卡（真的有小可爱以为是我的生日，给我写了生日贺卡）离开教室。

### 当班主任第一天学生就打架，怎么办

■ 被罚抱在一起的小朋友

期中考试结束后，由于调动我成了四年级一个A班的语文任课老师兼班主任。舍不得六年级的学生，又必须完成分配的工作，还不能辜负学校对我的信任。就这样，我走进了年级组办公室。

还没来得及问问前辈们该怎么样教语文课，就有一堆学生跑来找我。

"阿老师！×××和×××打起来了！"我倒吸了一口凉气，查看学生伤情，查明两个孩子动手打架的原因，联系家长去医院检查，批评教育学生写检查信……手忙脚乱处理完一系列事情后，这哥俩的友谊该怎么恢复呢？望着两个眼泪汪汪都很委屈却又心不甘情不愿跟对方道歉的

孩子，不是爱打架吗？好，给我互相抱在一起！打架的小朋友要像石榴籽一样紧紧抱在一起！在我镜头的拍摄下，两个孩子不好意思地笑着，抱紧了对方。

### 写作文 ≠ 玩游戏

作文是语文课程中很重要的一部分，我的第一堂作文课就是要描写一场游戏，让学生写清楚游戏的步骤和人物动作及情态描写。没有实践就没有发言权，文学创作来源于生活又高于生活，简单来说就是来吧，我们玩一节课游戏！

好家伙！击鼓传花、盲人摸象、蒙眼画鼻子、123木头人、抢板凳，我小时候经久不衰的游戏就这么教给下一代，或许这就是传承吧……

从此之后这帮小孩儿每次上语文课都会问我："阿老师，这节课玩游戏吗？"

■ 作文课上的贴眼睛游戏

### 下雪就是命令

虽然是土生土长的新疆姑娘，按理说应该习惯了北疆凛冽的冬风，但是2020年年底吉木萨尔的温度还是让我想想就瑟瑟发抖。在新疆，下雪就是命令，扫雪就是任务。

■ 周末帮忙来扫雪的小小男子汉

白茫茫的大雪后的清晨，学生不约而同地就会早来20分钟扫雪，作为班主任自然要组织孩子们去清洁区扫雪。虽然孩子们才八九岁着实太小，但是小小男子汉们还是想要展示自己的男子气概，让班里的女生们回班去打扫室内卫生，男生留下来扫雪，同时还兼顾着不让我干重活。

好像他们都忘了，我是老师，是一个成年人，而那个时候他们眼里只剩下要照顾女生，小小男子汉也是大丈夫。那个时候他们不再是上课调皮捣蛋的小鬼，而是顶天立地的小大人。

## 我不允许"10后"的童年和我们不一样

当了语文老师后我才发现学生课外阅读量极少，于是自费给全班买了书。我主张鼓励教学，作业完成度、课堂表现、热爱劳动、帮助同学、拾金不昧等各种好行为都会得到奖励，每周都会记录，进步最大和表现最好的学生都会得到一本书。在朋友聊天的过程中，这个想法逐渐成形，有朋友甚至直接给我发红包让我给学生买指定的杨红樱、沈石溪的书，因为她不想"10后"的童年读物和我们这一代不一样。

这一代小孩子古灵精怪，网络知识极其丰富，他们生活在一个信息爆炸的时代，对抖音、快手、王者荣耀的了解比我多得多，他们唱

■ 奖励进步最大的同学人手一本书　　　■ 募集到的 1000 本书

的歌说的流行语，我都不知道是什么。但他们不知道除了这个小县城以外的大城市，不知道大山外面的世界多么深远博大。我能做的或许就是将永不落伍的经典带入他们的生活中，让孩子们多读书，读好书。

后来我们五个支教老师组织了一场北航三小联动的捐书活动，一开始想着或许只能募集到三四百本书，但后来大家积极响应，还有爱心人士一口气捐了好几百本书，最后总共募集到1000本书。等书到了按年龄分好类，便在学校开展各个年级的阅读课，倒也忙得不亦乐乎。

## 当新年遇上了期末

第一次当班主任，其实我还是很忐忑的，毕竟这个班的语文成绩常年在年级前二。虽然我不想用成绩去限制孩子们的快乐成长，但是事实却是内卷已经卷到了祖国边疆的一所小学。写不完的作业，考不完的试，改不完的听写，讲不完的卷子，还有赶不完的进度……

虽然期末迫在眉睫，但是我最期待的元旦联欢会居然因为疫情不让举办，这真是晴天霹雳！我小学最期待的就是每年一度的元旦。没关系，既然学校不给办，那我就用自己的语文课给孩子们办。

阿老师，没考完的试卷怎么办呢？能怎么办？当元旦作业了呗！

那是2020年的最后一天，也是2020年的最后一节语文课，希望蛋糕和惊喜大礼包可以给意料之外的2020年画上一个圆满的句号。看着他们幸福地吃着蛋糕，互相炫耀着刚抽到的礼物，嘴角洋溢着的笑

■ 和学生一起过元旦

容。最腼腆的男孩也大声和全班一起合唱着《你笑起来真好看》的时候，我突然意识到，我真的好爱他们。

而那天下午，班长把我忽悠到办公室待了好久不让我进班。原来是他们给我准备了一个黑板的惊喜。看到黑板上满满当当的话语和爱心，只能用心尖"嘭"地绽放出一朵花来形容我当时的心情。

■ 学生准备的一个黑板的惊喜

### 如果我有罪，法律会惩罚我，而不是让我的学生写出"长鹅奔月"

一半是天使一半是魔鬼，小孩子是难以捉摸的，难以掌控的。你强调了一万零八百次的字还是会有人写错，比如"沦陷"还是"论陷"还是"沱陷"，真是傻傻分不清楚。奔月的不一定是嫦娥，也有可能是"长鹅"。

迟到不一定是因为起晚了，也有可能是因为走到校门口发现自己没带书包。

发现学生玩手机不一定是同学告发，也有可能是他发朋友圈却忘记屏蔽你。

但孩子没交作业不一定是没带，而一定是没写！

## 他们进步是对我最大的鼓励

班里有两个小姑娘名字很像，一个叫穆尼莎、另一个叫娜菲沙，成绩也很像：一个倒数第一、另一个倒数第二。有一次娜菲沙语文单元测试考了62分，她特别高兴地来找我说："老师，我语文第一次及格！"后来了解到，这两个女孩爸爸妈妈工作都很繁忙，没空管孩子作业完成情况。老师和家长沟通之后，家长的做法就是把孩子打一顿，仿佛一顿棍棒之后孩子就能爱上学习。

于是这两个小孩放学后被我留在学校补习，等到她们爸爸妈妈下班来接孩子。每天听写，从拼音到书写，从朗读到背诵。看着她们会写的字越来越多，和我诉说的故事越来越多，我的成就感也越来越高，直到期末考试两个人一个89分、另一个81分。两个小丫头高兴得手舞足蹈。寒假过得舒心无比，想到那几个月每晚放学的补习，付出是真的有收获啊！

■ 为学生补习功课

这个期末我们班语文考了年级第一、全县第一，这是对我最大的鼓励。教育是什么呢？对我而言就是不放弃每一个孩子，相信和鼓励每一次进步，关关难过关关且过，前路漫漫前路亦灿灿。

## 五人同心，其利断金

支教不是三尺讲台简单地授课，如何发挥北航特色传播航空航天知识这个问题一直萦绕在我们的心头。

志合者，不以山海为远。我们开展航空航天兴趣小组，讲授航空航天知识，带着孩子们动手制作弹力小飞机和伞式火箭，去操场上发射火箭放飞飞机；积极组合各种资源在三小搭建航模展示区，给每个班的孩子讲述模型背后的故事；邀请优秀新疆校友嫦娥五号副总设计师来给孩子们进行知识讲座……摘星少年，向往蓝天，逐梦九天的种子就此种下，无论在哪里，每个梦想都有绽放的勇气，希望他们的逐梦航程可以由此开启。

这一年，幸而有一群志同道合的队友，一起讨论课堂，一起思考怎样因材施教，一起研究某个活动的进程，一起苦恼第二天中午吃什么，周末一起去探索吉木萨尔的美食，一起处理生活中的难题，彼此分享烦恼与快乐。队友亦是战友，一路同行，行且珍惜。

■ 与队友一起的点点滴滴

## 运动使我们开心

夏天是奔跑、运动的季节，热情的空气、顽皮的星星、聒噪的蝉鸣、缠绕脖颈的风，还有操场上追风的少年，以及投不中篮的我。

将近22:00才天黑的新疆，放学后便是运动的天堂。我们会在操场上和学生们一起打篮球，带过的学生争抢着要帮我们捡球。

投中了便高喊："老师你真厉害！"投不中也会安慰我："老师差一点，老师再来一个！"

每天下午和当地老师以及队友们相约篮球、羽毛球、散步、吃吃喝喝的活动应接不暇，打完球在操场上吹风回宿舍饱餐一顿，消散了一天的疲惫，同时也带着开启第二天的好心情。运动分泌的多巴胺和内啡肽让我们愉悦和快乐。等太阳落幕，灯光亮起，在这个舒适度和幸福感最高的夏天，迎来的却是分别的遗憾和不舍。

■ 离别前的蛋糕

## 你也是最棒的

分别之际，给我带过的班级都买了蛋糕作为送别礼物，当蛋糕店老板娘问我蛋糕上题什么字的时候，我说就写"你们是最棒的"，让孩子们记得我的鼓励和喜爱。

蛋糕店老板单独送了我一个蛋糕作为送别礼物，上面写着"你也是最棒的"。

都知相聚最难得，难耐别离多。我将永远怀念三小的人和故事，那些让我生气却又着迷的孩子们，那些在课业上指导我、在生活中帮助我的教育界前辈们，那些认识的朋友们。不悔梦归处，只恨一年太匆匆。

这一年的生活是如此愉悦，如此苦恼，如此奇特。

# 西北边疆，土地，雪山，与孩子

□任永坤

## 一

一年前，我对脚下熟悉的土地说："我必须要走了，远方的雪山在呼唤我。"

一年后，我对亲爱的孩子们说："老师必须走了，但你们的未来会迎面而来。"

在西北边疆的县城里，这里的孩子是雪山写在大地上的诗。我应着雪山的呼唤，西行六千里，从不问归期。

## 二

一年前的金秋9月，应服务地团委要求，我前往新疆维吾尔自治区阿勒泰地区吉木乃县。在吉木乃县党校进行了为期四天，包括军事训练、民族、宗教、网络安全等多个方面的培训学习之后，我被分配至吉木乃县初级中学，在这里，我开始了为期一年的支教志愿服务。

从第一天起，我就立志要倾尽所有的热忱，一刻未敢停歇。在到达伊始，我尽可能多、

■ 镜头下映满朝霞的校园

尽可能快地学习着学校里的一切规章制度、要求条例；我尽可能多地去观摩课程、学习思考，并和其他教师一起研究探讨。在第一周的课程观摩与课后教学工作的观察学习过程中，

■ 校园的雪

我发现学校教师与学生在工具书使用、书写、听力等方面存在的一些问题。我根据自己的学习经验、感悟与体会向英语教研组建议：

（1）建议给初中每个班级配备一本牛津高阶英汉双解词典，在接触英语之初就培养学生使用词典的意识与习惯，教会他们熟练使用学习英语这门学科最为权威、也最为重要的工具与方法；

（2）加强学生英文书写的练习，从字帖、四线三格到横线纸，再到白纸，逐步提升书写的规范性与美观性；

（3）改进听力训练方法，从为了找出答案而定位到某几个单词、只注重题目答案的方法，到为了听懂、听明白每一个单词、语句而做听力训练的方法；

（4）使用英语学英语，用英文解释、讲解、理解单词，从最基础逐步提升，并融汇初中三年重点知识，既有针对性，也有全局观。

在学校英语组教研会上，备课组长、教研组长和学校书记对我的提议表示赞同，最终给初级中学每个班级购置了一本牛津高阶英汉双解词典。

在迅速熟悉、适应了学校的工作环境、工作方式和工作内容之后，我积极投入教学工作之中。我通览了初中阶段三年五本英语教科书，并熟读了义务教育阶段英语学科课程标准，对该阶段的英语学科的基本理念、设计思路以及课程目标等有了一定的认识和了解。

随后我积极备课。由于学校学生整体基础较为薄弱，且水平参差不齐，知识接受能力等存在差异，故计划从语言基础知识教起，从学习方法与学习习惯的培养教起，从多方面综合提升学生英语学科语言、学习能力与水平。具体措施包括：从英文书写水平的培养、音标的学习、词典的使用，到听力训练、语法知识学习（词类词性、句子成分、句子结构、句子类型、语态、时态、从句等）、词汇学习，再到分层次教学与辅导、其他学习（习题训练、随笔练习、口语训练、课外文本阅读、影视片段欣赏、自我训练等）。

在完成了基本的准备工作之后，我开始了具体的课程准备、教学授课与课后反馈、反思等工作。在此过程中，我不断变换方法，用自身在初高中的学习经验、学习方法与学习体会来设计、引导与进行课程。我不再把教学目标、教学方法等作为教案上的任务去完成，而是把它们教授给学生们，让他们也能够从知识的传授者。即老师的角度去看待这节课程要学习的内容的学习目标、教学方法是什么；为什么要学这个、为什么要这样学、有没有更好的途径和方法？我不仅要教给他们具体的知识点，更要教给他们学习过程中思考的方法、角色转换与换位思考的方法、反思与全局观的重要性等"跳出格子"的知识与方法。

三

在吉木乃的每一天我都过得无比充实。在工作日时，我每天利用课间休息和放学后的时间，对不同层次的学生进行针对性辅导；在休息日时，我利用周六周日的休息时间，在学校里给班里学生免费补习，学生自愿参加，孩子们虽然基础薄弱，但是学习的热情与积极性未减半分。

在教学工作中，对于每一个学生，每一个个体，我采取不同的教育方式，对每一个孩子的具体情况进行了解，了解他们个人的家庭背景、教育基础、心路历程，并且长期跟进，力争做到因材施教。

我积极向其他人民教师学习经验，积极参加探讨研学等活动，不断学习交流新的教学理念，与同校老师认真分析学校情况，研究具体问题对策，制订大纲与计划。在我的提议下，我们英语组对整个年级不同层次水平的学生进行分层辅导，取得了很好的效果。

我使用自己的思路与体系进行教学，坚决不做照本宣科的"朗诵者"，坚决不做走过场的讲台过客。

我对学生不只进行了理论学习的教授与引导，也对他们的心灵与人生方向进行了指引。作为教师，我们就似孩子们看向远方的眼睛，我们要担负起教书与育人的责任，不能只教书，不能止于教书，我们是他们人生成长的筹码，希望在于他们，亦在于我们。

在这一年里，我很少有时间玩手机、出门游玩，对于朋友的邀约绝大多数情况下我只能表达歉意。在工作日的晚上，加班是常态。起初会和其他同事一起，后来大多数情况下都是自己一个人。我很少在22：00前回宿舍，以至于偶尔想休息一下，21：00回了宿舍，同宿舍的老师们都会很诧异地问："今天怎么回来这么早？"

就如同我在去年10月写的工作汇报一样——在这里的工作很充实，虽然每天都很忙碌，但是为了目标不断努力的过程非常美好。现在还有很多工作和问题等待我去执行与解决，我希望能够通过自己的努力，在这一年时间里，给这儿的孩子们打开一扇窗，一扇能够眺望远方、看到山的那边的窗。

■ 校园风景

这一年中，我只怕自己的时间不够用，我不敢浪费、不敢虚度；只想着要多做一点、再多做一点；我只想给孩子们多教一点知识、再多教一点；我只想为孩子们把窗户打开得大一点、再大一点。一年后的今天，我可以无愧地说，我做到了。

四

在吉木乃的一年里，我总是在考虑，在这一年我能带给这片土地什么；同时我也在想，这里的一年能带给我什么。

我所向往的、追寻的，我所思考的、执行的，我所付出的、得到的，我所预想的、反思的，时刻与这里的土地发生反应。

我不断给学生们讲，要重视预习与复习；要有前瞻性，向前看、向远看；要有循环性，在一遍又一遍地重复中发现新知；要学会换位思考，从规划者——大纲、教材编订者的角度，从传授者——教师的角度，从考察者、筛选者——命题人的角度去思考；要以严谨认真、勤奋踏实的态度对待学习；要寻找、建立属于自己的学习方法、学习思路与学习体系。

■ 与班级学生合影

我经常给学生们讲，出了这个县城，人生其实还有另一种可能。我想让他们看到梦想是什么，意识到自己所知之外还有那么大的世界，无限多种可能在等待他们去探索，所有的未知都是人生中的精彩与挑战。或许老师不是影响孩子们一生的转折点，但教育，必定是他们走向未来、走向世界、走向自己的必由之路，能够为他们带来人生最大的可能。

我一遍又一遍地讲，对着每一个孩子，孩子们或许听了，或许没听；或许听懂了，或许没听懂。我没有放弃班里的任何一个孩子，即使再调皮捣蛋、再消极懈怠，我不敢放弃，也不愿放弃，更不会放弃。我只希望若干年后，当孩子们回过头来看这一切时，不会因为我的一丝懈怠而懊悔、责怪我："如果当初老师没有放弃我，我的人生是否会大不一样。"

## 五

若是没有坚定信念，坚持也就失去了方向；若是没有实际行动，信念也只是空中楼阁。

在前来支教工作之前，我在对于支教工作的思考与探讨中写道："从事支教工作对于我个人而言，是一种和日常生活完全不一样的体验，在一个远离都市喧嚣的宁静之处静心思考，教书育人，我很向往自己身处偏远仍心系天下、情怀祖国，用实际行动努力为教育事业付出的同时思考探索教育这项事业的根本，并向实现自我人生价值的路上再迈进一步；希望支教不仅能够让我人格的塑造更为坚实可靠，更为完整向善，更能够为孩子们带来人生中不一样的可能，为他们明亮的眼睛、清澈的心灵、纯净的大脑打开一扇门，开启一扇窗，让梦想的清风吹进来，让未来聚焦得更为清晰可见、触手可及。"

在这一年里，我不断思考、探索、执行、反思；我坚持着，正如我所承诺的那般；这片土地也不断馈赠予我，给予我充足的养分滋养着我，使我成长、进步。我很感谢这里带给我的一切，在吉木乃的一年，我对这里的认识与了解愈加深刻，我对这里的热爱也愈加浓厚。

在吉木乃县初级中学的一年，是我作为北航研究生支教团的一员、进行志愿服务工作的一年，是我作为人民教师中的一员、进行教书育人的一年，是我为了自己的梦想与热爱去努力奋斗、拼搏进取的一年。至今我的服务期已满，但我对志愿服务工作与教育事业的热忱丝毫不减。

■ 晚霞的雪山

这一年里，我学习着、思考着、行动着、坚持着，我倾尽全力，用尽了所有的时间和精力，未尝敢有丝毫疏忽，未尝敢有丝毫懈怠；一年后的今天，我可以问心无愧地说，我做到了一年之前承诺给自己、承诺给这片土地的诺言，我没有辜负这片土地、那座雪山给予我的信任；我做到了，就如同我所希冀、我所承诺的那般。

从北京到吉木乃，从北航到吉木乃县初级中学，在祖国西北边疆的土地上，在那片我所热爱的土地上，我用一年的时间，在思考，在行动，在前进；思考了，行动了，也前进了。

在这一年里，我未尝敢有丝毫懈怠；道阻且艰，我却未尝敢有丝

毫退却。当我回到这片熟悉的土地上，我对那份理想追求的渴望与热忱不减半分。

我回到了北航，但我的心却永远不只在这里。祖国西北边陲的那个县城、那片土地、那座雪山，和可爱的孩子，希望会因为有过我的存在，会有些许不同。

■ 与班级学生合影

## 六

最后我想对孩子们说——

人生中会面临很多离别，而离别并非总是坏事。它可以让我们明白相聚的日子是多么珍贵与美好，它会提醒我们不要总是等到失去了才懂得珍惜，它也会告诉我们及时说出你的爱，不要等到失去了才后悔莫及。

一次离别并不意味着世界末日，相反，它是为了更好的相遇而存在的，这就是"再见"二字之中既包含着悲伤与不舍，也包含着感动与期盼的原因。

孩子们，或许我更应该称，亲爱的朋友们。来日方长，希望无论多少年后，当我们再次相遇时，我们可以紧紧拥抱在一起，互道一声："好久不见，我的朋友。"

# 七

一年前，我对脚下熟悉的土地说："我必须走了，远方的雪山在呼唤我。"

一年后，我对亲爱的孩子们说："老师必须走了，但你们的未来会迎面而来。"

在西北边疆的县城里，这里的孩子是雪山写在大地上的诗。我心中的一部分应着雪山的呼唤，永远留在西北6000里之处，不问归期。

# 你们是我教过最棒的一届学生

□夏守月

　　9月的北京西站依旧人头攒动、热浪扑面，我攥着蓝色硬座车票、拖着行李箱正寻找着第五候车室。"各位旅客，由北京西开往乌鲁木齐的Z69次列车已经开始检票，请您前往第四、第五候车室……"而我的目的地则是这条贯穿我国东西部的直达列车所途经的一个车站——吕梁。彼时正是约一年前，我从家出发前往支教地报到的日子。那时候的我自认为已经"走南闯北、横贯东西"，讶然发现那是我第一次独自乘坐绿皮火车踏上一段新的旅程。

　　回想支教这一年，我经历了很多"人生第一次去做""人生第一次体验"的事情，独自坐火车也早已成为家常便饭。"书生意气，挥斥方遒"，来时踌躇满志热血沸腾，立志扶贫扶智、育人教心，而后的时光

■ 2018 年新疆支教，兴趣课上教孩子们制作航模

263

在一日日的讲台上书案间悄然度过，归期之时惊讶于我的收获竟也不输于孩子们的成长。一年的欢声笑语历历在目，虽寥寥几笔书写不完那些琐碎的日常，但我仍然很开心能将一些故事分享出来。

授课之余我主要负责支教队公众号的运营，一天结束后整理推文照片、排版编辑时，看到白天的场景再现，让我能够更多地去思考和感悟。孩子们来上课的热情和求知欲远超乎我的想象，有的孩子家离学校有好几公里，每天早晨徒步一个多小时来到学校，中午吃一些从家带来的食物充饥只为不希望错过下午的课；因为座位紧张，有的孩子宁愿站在教室最后一排记笔记也要坚持听完整节课。还有些孩子非常懂事，我还记得有个小姑娘紧紧拉着我们的手说："对不起老师我明天不能来上课了，我要去帮家里搓红花（红花可以卖钱补贴家用），我可以后天再来吗？"当时我一时语塞不知如何回答，因为按照计划我们后天就要返程了。后来很长一段时间，每每想起小姑娘稚嫩的语气、懂事的话语和期待而渴望的眼神，当真遗憾为什么不能再多待上一段时间。

■ 2018 年新疆支教，每天从宿舍到学校必经的十字路口

大美新疆名不虚传，随手一拍皆是自带西北风格的辽阔与壮丽。街边小店也各有滋味。早起一个烤包子、一碗咸奶茶，迎着明媚的阳光去学校；夜晚露天的烤鸡腿与羊肉串散发着诱人的香气。深夜归去，穹顶之上银河璀璨；入梦时分，脑海中孩子们纯净而明亮的眉眼令人格外心安和满足。山美、水美、食美、人美、人心更美，这样美的地方外人极少踏足，这

样美的人绝大多数都从未出去过看看外面的世界。

我们支教的小学维吾尔族人居多，校长希望我们能够多教孩子们一些普通话。诚然，一方面语言问题是他们走出乡村的极大障碍，即使孩子们与我们交流问题不大，但是普通话水平尤其是读写能力，远不如东部地区的同龄小朋友；另一方面他们接触到的知识有限，我们教学的很多内容大多数人闻所未闻，但他们对学习新知识的渴望与热情让我们很多人都自愧不如。很欣慰我们作为大学生能够将很多我们的所学所见，转换教学，以他们能够消化的方式教授给他们，为他们扩展知识、拓宽视野；与此同时，提高他们的普通话水平以帮助他们未来走出乡村、走向更远。然而半个月终究是太仓促了，仓促到才刚刚能完整叫出整个班同学的名字就到了离别的时刻。承诺着孩子们明年再回来，心里盘算着我一定要再来一次，再来一次不那么短的支教。

"青年当有志，立志在四方。祖国需要处，皆是我故乡。"我在研究生支教团选拔面试上立下誓言。于是就回到了开始的一幕，我来到了我的第二故乡——吕梁市中阳县。

出发前两周临时被告知支教岗位由原来的小学教师调整为高中教师，心里不由得担心起来。自己肚子里这点墨水要说教小学或初中应该是没什么问题，但是高中教学还真是说不好。主要是毕业多年早已快把那些复杂的知识点忘光了，再者自己没比高中孩子大几岁，还没脱离学生的"稚气"，课后来问题把我难住怎么办？课堂上管不住孩子们怎么办？更换支教地点多少有点猝不及防，我就这样怀着既期待又忐忑的心情来到了中阳一中。

一中校领导亲自来火车站接我们，并告诉我们虽然时间仓促很多细节准备不周，但是住宿吃饭问题等一切均已安排妥当，让我们安心住下来，有问题可以随时与他联系，这些足以可见支教学校和县委对我们的关爱与重视。据说分给我们的两间宿舍是校内住宿条件最好的，平时都是用来招待贵宾休息的。我们三个在一中宿舍从此就有了一个家，经过多方沟通学校给我们装上了热水器和洗衣机，接下来就

■ 中阳一中的校园

是慢慢装点填充满我们的小窝，幸福感油然而生。

　　很快我们的担心变为现实，学校安排我们去担任高一C部的数学、化学和物理老师，由我们自行商议分配科目。我选择了化学，成为6个班的化学教师。中阳一中高一C部实质上为中阳职中的高一年级，管理C部的曹老师跟我们说："这群孩子基础差，以前就没养成良好的学习习惯，考试二三十分都是正常，能有一两个人五六十分的就算不错了。而且都是十五六岁的孩子，尽量避免和他们发生冲突，有

■ 讲台上的我

矛盾交给班主任解决。"

第一节课站上讲台，我心里很是忐忑，害怕自己压不住场面。大概因为我们是年轻老师，教室里虽然聒噪但是孩子们很好沟通，就这样我的老师身份正式开启了。全年级6个班是按照中考成绩分班，班与班之间的差距极为明显，58~60班的学生的基础、纪律自觉性等方面比61~63班强上很多，后面的班级还有很多"问题学生"。由于基础薄弱，同学们难以适应普通高中的教学难度与进度，我往往需要根据不同班级的水平相应调整教学难度和进度，力求他们掌握上课所教授的知识。

开学时所有班级同学都听得非常认真，但是过了两个月左右，后面班级孩子们开始不老实起来，上课睡觉、说话、偷偷玩手机，甚至还有顶撞教师等行为。高中的学习难度和强度比初中提高了很多，由于当惯了"差生"，他们认为自己根本不会考上大学，外加班级环境

■ 化学课的日常

浮躁，一部分同学也被影响。我曾尝试着自习课上和他们谈心，鼓励他们坚持学习，争取去外面的世界看看。和班主任对着干的一个孩子却很是给我们这几个年轻老师"面子"："老师你说的我们都懂，我都知道，但我就是学不下去。"经过多次的劝说和谈心后我也很无奈，这个班的环境可谓是几个班里最差的，班主任也对班级束手无策。我想：学习确实不是唯一的出路，三百六十行，行行出状元，就算我不能启发他们对学习的兴趣，至少我应该去引导他们思考对自己未来的人生负起责任来。好在前面几个班级学习氛围良好，后面的班级里也有人坚持听课，我更改了教学计划因材施教，同学们的学习热情和学

习成绩都有了显著提升。

■ 学生自发站到后面听课

下半年我们开办了STEM科技社团。在一次理论课上我给孩子们播放徐惠彬校长的公开课，在科普航空发动机叶片相关知识的同时，以徐校长海外求学后回国报效祖国的故事鼓舞同学们勇于追梦，树立人生理想在未来去实现人生价值，以个人梦想去助力中国梦的实现。孩子们非常喜欢科技社团，因为每个月可以动手做两次小实验。听到我的话，下面一片嬉皮笑脸，还有人开玩笑地喊"我们不配"。我示意他们安静："曾经'90后'被称为是垮掉的一代人，新冠疫情期间无数'90后'医护和志愿者迎难而上主动支援武汉，全国各地的抗疫斗争中都活跃着'90后'的身影。在这场全国乃至全人类的困难中，'90后'一代肩负起应承担的社会责任。习近平总书记说中国梦是我们这一代的，更是青年一代的，我相信未来的你们会是社会新一代的中流砥柱。"孩子们依旧嬉笑，但再也没人开玩笑。我看到他们带着笑颜的眼里闪耀着点点光芒，我希望哪怕这堂课给了他们微乎其微的鼓励，那么终有一天一点一滴也能汇成汩汩奔流。

学生嘻嘻哈哈的笑脸下也许隐藏着一个与命运抗争的灵魂。在最差班级的第一排，坐着一个瘦瘦小小的孩子，是这个班里为数不多认真听课的同学之一。在微信上他向我们吐露心声："我自己一个人住在城里，爸妈都在家里打工，大姐偶尔会来看看我，有时候半夜冷得睡不着我就想再学一会也许困了就能睡着了……好久没见爸爸妈妈了很想他们……希望自己能好好学习考上大学，老师你课后多帮我画两道题做吧……"职中的很多孩子会笑着跟我们讲述自己的家庭："一回家就是男女混合双打，爹揍完了妈又抄起来扫把了，我这三天可是不敢回家了"……在这所学校里，很多学生的家庭都不幸福，或许学习上的不足有家庭原因的影响，但大多数人依

■ 和孩子们一起在教室观看庆祝中国共产党成立 100 周年大会直播

旧相信明天会幸福。我也相信心向阳光的他们，将在奋斗路上一路向前，他们终将会用双手去创造美好的明天。

有个孩子在课上问我，他们是不是我教过的最差的一届学生，我说你们是我教过的第一届学生，可能也是唯一一届，所以这样来看你们也是我教过的最好的一届学生。人生第一次站上讲台教书育人，讲台下的孩子们也一同伴我成长。

人生头一遭来偏远地区扶贫是"苦"的。还记得去年秋天宿舍里爬满会飞的臭虫，梦里都是臭虫冲着我的脑门飞来。11月的周末经常突然停电停水，我们去校外小吃店求水拎着几十斤的桶回宿舍；冬天室外零下20摄氏度还要步行半小时去上课，一呼气睫毛上就结了冰……但人生头一遭来祖国中部地区也是"甜"的，支教学校及时为我们安装洗衣机和热水器，保安大哥帮我们扛着行李回宿舍，食堂阿姨会在早晨多塞两个鸡蛋给我说拿去给他们吃，专门跑火车站的曹师傅并不因为我们是外地人而宰客反而每次还给优惠，一起工作的老师们会专门捎上没有交通工具的我们，让人头疼的孩子们却非常可爱又暖心……回忆起来，那些已经克服的困难竟然也显得没那么苦了。

读万卷书，行万里路。虽惭愧所读之书不及万卷，但亦荣幸于建党百年之际有这样一段经历，跋涉千里去传授知识教书育人。中阳县早于2018年8月脱贫，县城里一片欣欣向荣，但脱贫后依旧任重而道

■ 宿舍后面山上的民居

■ 和其中一个班同学们的合影

远，以吾辈之青春去浇灌下一代莘莘学子之青春，将知识与理想信念代代传承，相信终有一天这方水土会绽放它的光芒，在这里生长的人会越来越幸福，而我永远会热爱这里。

青年当有志，立志在四方，祖国需要处，皆是我故乡！

■ 中阳一中广场：夏、秋、冬、春、夏四季轮回

# 一年支教，一生记忆

□冯琨

扎根西部　仰望星空

——记北京航空航天大学第二十二届研究生支教团

作为全国土地面积最大的新疆维吾尔自治区，有大漠的苍凉，有塞外的江南，有瑞士的风光。在新疆，你会遇见你所渴望的一切：无垠的沙漠戈壁、放羊的哈萨克族牧民、奔腾汇入到北冰洋的河流、喀纳斯腹地的草原和湖泊，也有伊犁薰衣草的浪漫、赛里木湖的壮观、乌尔禾魔鬼城的多姿。正如歌曲《可可托海的牧羊人》所描绘的一般，这片土地上，从来不缺少故事。

■ 授课

## 传承知识·从忐忑与实验中逐渐走向成熟

面对吉木萨尔县第三小学教师资源略有缺乏的现状，我们经过短暂的志愿者岗前培训后，到达学校当天便选定岗位，第二天就怀着期待与压力走上了三尺讲台，成为一名学生眼中的新老师、老师眼中的新"学生"。总是谈到我们以最快速度转变了身份，但这个过程与心中的忐忑挣扎却记忆深刻。扎实备课，从现场听课到网络直播课，教学前期一点点摸爬滚打，生怕辜负了这群很可爱但不是很乖的学生。在这个过程中，老教师们的热情与无私，让我备受感动。他们像看待孩子一样包容我们对工作的不熟悉；课前帮我们花几个小时来磨课、议课，帮助我们快速成长起来。

■ 参加集体备课

在我教授四年级语文课程中，第一堂课便给我"当头一棒"。我了解到孩子们基础薄弱，所以偏向基础字词、成语、重点句子进行备课，没有穿插过多阅读理解内容，但讲授的过程中却几乎开展不下去。有两方面原因：一是许多孩子的实际基础比备课时预想的还要弱，停留在拼音没有掌握的层次上；二是课堂纪律的管理远比讲文化知识要困难得多，课堂上大喊、乱跑、打架时有发生，似乎孩子们不能发现老师的怒目而视。这两方面成为亟待解决的大问题。

面对这些活泼调皮的孩子，培优辅困分类教学、课堂记录管理、提高学习积极性成了我的首要任务。一年的时间说实话真的不长。首先，我采取发放奖品、奖状、签订约定为学生实现小梦想等奖励机制，类似于军令状的形式，提升了学生学习积

荣誉证书

冯 琨 老师

　　在 2020-2021 学年第一学期期末检测中，教学成绩进步较大。

　　特发此证，以资鼓励！

吉木萨尔县教育局

二〇二一年二月二十三日

■ 教学进步奖证书

极性，激发了他们渴望学习、向往知识的内在动力；其次，家校合力，对学生要严厉但也要鼓励。每天在班级群里将整洁、准确的作业拍照表扬，让没有完成作业的孩子排队拍照发家长群，企图让孩子的家长们重视，帮助孩子从完成作业开始将学习抓起来；此外，从作业里的每一个错字、拼音中找寻学生犯错的原因，针对性地布置个性化练习，一分一分帮学生找到提高的方法和建议。功夫不负有心人，学期结束，班级语文平均分提升20分，在教学主责上交出了满意的答卷。同时也让我坚信，一分付出，一分收获。

## 长久执念·让科技梦的种子继续扎根

仅仅在学习成绩上帮助他们是远远不够的，在短暂的一年时间里，我们更重要的任务是在他们心中建立正确的价值观，种下向往科学、向往知识、向往未来的种子。这也成了一年以来在日常教学中长期摸索的方向。

由此而产生的首届航空航天文化节系列活动，历经两月时间，包括兴趣小组、航模试飞、知识竞赛、与附小共上一堂课、打造航空航天展示区等。在5月14日开幕式中有幸请到了北航校友、嫦娥五号副总

■ 与北航新疆校友会合影

设计师彭兢师兄到学校做讲座。活动被团中央志工部、自治区、州、县等多次报道。借此机会，在天山脚下打响了北航品牌。彭师兄在临行前约定，如果明年第二届文化节继续举办、时间允许会再次来带领更多的孩子

们仰望星空。

但偶像效应是一时的，仰望星空的同时我们还要持续脚踏实地。通过学校爱心师生的大力支持，共同打造了"航梦新缘"航空航天文化展示区，从航天历史回顾到航模展示，将课程上学习的知识带到了孩子们身边，让他们看得见、摸得着，并分批次带领全校学生讲解、观看。

看到孩子们课间聚集在航模旁，一边指一边和旁边同学争执着这个是航天员坐的、那个是放卫星的地方……不禁发自内心地欣慰、喜悦。

### 自我沉淀·在充实的基层工作中找寻初心

在担任西部计划志愿者团支书期间，依托支部多次开展主题教育学习，对十九届五中全会精神、第三次新疆工作会议精神、习近平总书记对脱贫攻坚工作作出重要指示等讨论学习，力求将个人实际工作与新时代新疆建设结合起来，把思想和行动统一，在扶贫任务中贡献青春力量。

志愿经历告诉我，共同进步是志愿服务的内在价值。志愿者可以在基层的实际工作中锻炼自己的能力，并在精神上沉淀自我，找寻人生的目标与方向，以提升自己的综合素质，做出正确的选择。

我的支教申请书中写道："曾经的我初心懵懂，大学四年的磨炼，我的能力强了，志向也高远了，萤火之光也可与皓月争辉，我想为社会作出更大的贡献。现在，志愿加入了第二十二届研究生支教团，用一年不到的时间做一件终生难忘的事，努力彰显青春最靓丽的色彩。"

一年将至，回头再看这句话，在基层服务的短暂时光中，想到孩子们成绩的显著提高，共同打篮球、发射"火箭"时纯真的眼睛和腼腆的笑容，我想说："青春无悔，志愿无悔。"

百余份党建文件、500小时的课堂教学、一年时间与新疆人民的亲密无间、主办的航空航天大型活动，我的领导力、组织力、协调力、语言表达、人际交往、文笔写作、党建知识，一切步入社会时所需要的基本能力都得到了锻炼。

一年时光，我收获了成长，贡献了力量，虽有不足但不负青春，不负奋斗。如果你也怀揣着一颗志愿奉献的心，如果你也被图片中孩子们的天真笑脸触动，那么这里有你想要的答案。服务西部，将成为人生中最美的回忆与最骄傲的时光！

■ 与学生合影

# 执教一年，受用一生

□徐国辉

总有人问我为什么去当兵？又为什么选择去西部支教？每次遇到这种问题我总会欲言又止，想说些什么却又说不出口。或许只是单纯地想去，又或许是想多年以后再有人问我，我可以淡然地说出曾经我为祖国戍边，曾经也为国家育人。

### 相盼：从期许到坚定

新疆那么远，你为什么选择去新疆？听说新疆很美丽，是真的吗？这是我被问及最多的问题，在到新疆之前，我也像他们一样，无数次幻想新疆的真实面貌，真的那么大、那么远、那么美丽吗？

■ 备课场景

伴随着火车轰隆隆的进站声，在经过两天的路途之后，我终于到了此行的目的地——新疆阿勒泰。天色刚刚启蒙，远处的朝霞依稀可见，同行的队友们纷纷拿出手机记录下这美丽的一刻。我揉了揉蒙眬的双眼，向远处望去，纷纷赞叹"这景象真美，新疆真的好美"。带着这份美好我开始了我短暂的支教生活。

### 相遇：从陌生到熟悉

经过一周的培训，我们逐步走上了工作岗位。刚到学校的第一天是陌生的。从来没有对学校有过这样陌生的感觉，突然的角色转变让我有些猝不及防，从学生到老师原来真的只要一瞬间。

"老师好！"突然的一句话，让我既兴奋又紧张。也正是这一刻，我突然觉得自己长大了，不再是学校的学生，而是一位教书育人的老师。看着台下孩子们期许的目光，热情的他们不停地向我招手示意，我更加坚定了目标，要在祖国的边疆用短暂的一年多做一些有意义的事。

■ 和支教团队友一起进步

### 相处：从无知到感知

第一次走上讲台，有种莫名的激动，但又有些抵制不住的怯懦。虽然千百次预想过此情此景，但真正走到这个位置的时候，这种感觉是无法用言语形容的。如果说非要形容，那应该是既紧张又兴奋，但从学生到老师的这种巨大的反差让我产生了一种熟悉的"无知"感。面对学生的"无知"，面对课堂的"无知"，面对教学的"无知"，渐渐地，随着时间的推移，我逐步适应了这个岗位。对于教学不再无知，对待学生也不会无措。反而在教学的间隙，学生带来的惊喜感动，不断冲击、迭代着对于教师这份职业的思想认知。你永远无法料想学生在下一秒会带给你哪些惊喜，但他们对老师崇敬、对知识渴望

的眼神，会不断让你感到身上所肩负的重担；让你真正明白教师这份神圣职业的责任与担当；让你懂得教书育人的真正意义。

■ 举办专题讲座

## 相望：从不舍到重逢

时间过得很快，转眼支教生活即将结束，给学生上最后一节课时我心情很沉重，也没有上课，只是给他们播放了一些关于北京的视频。希望能在最后的时刻，给他们心中埋下一颗种子，让这群边疆的小朋友对心里向往的地方有些许印象与了解；让他们在未来能做一个对国家、对社会有用的人。

也希望在若干年后的某天，会和我的学生在某个地方相遇、热泪盈眶，希望今天给他们种下的种子能够生根发芽。

走的时候很匆忙，没有道别，没有拍照，只是默默地离开。就如徐志摩的诗写的一样："轻轻的我走了，正如我轻轻的来；我轻轻的招手，作别西天的云彩。"

也许有天他们会记不起我，也不曾想起我来过。

但我会铭记，这短暂而又匆忙的一年！

执教一年，受用一生！

# 好想回到2020年的那个夏天

□ 王显菲

□ 王显菲

是的我看见到处是阳光
快乐在城市上空飘扬
新世界来得像梦一样
让我暖洋洋

我爱极了*New Boy*的歌词，热情、向上、充满期待。新世界，应该是年轻人都向往的吧！所以，亲爱的你，趁年轻，勇敢冲呀！

■ 吉木乃分队 4 名成员

我叫王显菲，北京航空航天大学第二十二届研究生支教团成员。过去一年，我服务于新疆维吾尔自治区阿勒泰地区吉木乃县，在吉木乃县直小学从事教育教学工作。

吉木乃是一个简单宁静的小镇，所以我也想用接地气的方式和大

家讲述我的故事。在这里我遇到了很多真诚，你看到的也将是美好的真诚。

■ 吉木乃的大美风光

## 上岗前：一波三折

### 1. 我要去新疆！我要当很好很好的老师

去年暑假，北航团委让选服务地，我两个志愿报的都是新疆，以吉木乃县作为第一志愿，临近乌鲁木齐的吉木萨尔县是第二志愿。理由很简单，因为我既没有去过新疆，也没有在边境生活过。人嘛，就是要趁年轻勇敢奔跑，体验不一样的世界。最终我如愿被录取到第一志愿吉木乃县。和前辈交流后，我了解到吉木乃的教育教学情况并不理想，这里的孩子接受到的教育资源很有限，目睹这样的情况，我虽然心疼但也提高了斗志，我很希望有那么些小朋友，因为我们的到来，有更丰富多彩的童年，有更温暖美好的一生。因为我的人生，也曾被伟大的老师照亮过。这样的光亮，应该洒向更多的孩童。我很幸运在很小的时候遇到了好老师。幼儿园和一、二年级的我普普通通，不出色，没梦想。在读小学三年级的时候，我遇到了一个对我影响重大的班主任。看到我认真写的字后，她在全班同学面前夸我字写得好。这是我第一次被老师这样鼓励，"我被老师认可了"！当时的兴奋感在我未来十几年的求学生涯中不时被记起。在整个三年级，老师会在课下找我聊天，拉着我的手，温柔地对我笑，分享自己的故事，像妈妈一样。遇到她之后，我对学习的兴趣迅速增长，小学第一次拿到了奖状，第一次当了班委，第一次帮老师写黑板字。在此之后，我对学习始终保持着热情，在书店，在课堂，在自习室，感觉她一直在身边，教导我，支持我。一名好老师带来的力量，真的可以伴随一生。

在参加学校、团委组织的各类培训时，我都会憧憬自己站上讲台教学育人的未来。我的孩子们，虽然我还没有见过你们，但我已经非常喜欢你们了，我要把我能给予的美好都给你们！你们的老师会加油的！

### 2. 我能不能不去了

从对远方的好奇，到因为离家太远的难过，转变就在一瞬间。在高铁站，扭头背向爸妈的一瞬间，我无法控制住地泪流满面，离家人朋友实在是太远了！

列车驶出，离家越来越远。表弟打视频电话找我玩，听到我去学校了，哇哇大哭，我强忍着伤感安慰他。和我一起去新疆的老乡，也是2020年吉木乃西部计划志愿者，她在火车上同样是忧伤的。我们有一句没一句聊着，对未来并没有抱多大期望。

通过网络了解和前辈介绍，我对吉木乃形成"确实是个小地方""网络不太好""离家很远"的初始印象，和自己前21年的生活环境很不一样。预想之中，未来一年，要与世隔绝了。到达乌鲁木齐站后，家人打电话、发微信，和我说了很多很多。我去买

■ 我预想的生活环境

扎根西部　仰望星空——记北京航空航天大学第二十二届研究生支教团

了德克士，告诉自己这是一年间最后一次在连锁店吃饭，就当践行宴了。

### 3. 原来吉木乃是这样，大家好有少年感哦

让自己平复情绪后，在乌鲁木齐开往北屯的火车上，我和北航研支团的两个队友见了面，打了招呼聊了几句就睡觉了。不知道是不是校友的天然亲近感，和她们在一起就会平静许多。

从北屯站出来的那一刻，天空是蔚蓝色，破晓的橘橙点缀其中，没有高楼大厦，没有汽车鸣笛，宁静安逸。

一群年轻人举起手机记录天空美景，几条大横幅欢迎着我们，大家腼腆又热情地冲彼此笑了笑，终于来到这个让我们既期待又担心的"诗与远方"。阿勒泰电视台的工作人员采访了我和姝钦。姝钦发言的内容、语气、状态有独特的魅力，坦诚轻松，让我为之一动，听完我非常开心。生命中总是有一些人，在你们接触没多久时，就已经在心里把他（她）当成好朋友，并感慨能够相遇是多么幸运。

从北屯开往吉木乃的客车上，旁边坐着的浙江女生滔滔不绝，热情洋溢地和我介绍自己的故事，"听到学校有西部计划项目，太符合自己的性格和志向了，一见钟情决定报名，要在这里追求浪漫和朝霞"……

到达吉木乃后，我们在党校集中培训。晚上，西部计划志愿者们用手机打着光，围成一圈，一起唱歌跳舞。有情歌，有摇滚，还有民族特色"黑走马"。我不禁感叹好温暖，好有少年感啊！我在旁边安静地听，有时跟着哼唱几句，有时晃动着手机支持演唱者，有时和志愿者聊上几句，在这样的氛围

■ 映入眼帘的欢迎横幅

中，你能感受到学生时代的青涩、青春年华的无畏、民族文化的多元，像篝火晚会，又像独一无二的舞台。

■ 来到吉木乃的初体验

培训结束后，单位给我们分配了套房，有客厅、有厨房，还是单人间。县城里有大盘鸡、烤包子、拌面、咸奶茶、包尔萨克；有川菜馆、火锅店，还能买到哈萨克斯坦等地的特产。超市、电影院、理发店一应俱全。吉木乃比我想象得好太多了！

就这样，心情经过几次大起大落，我带着对教学生涯的期待和满满的斗志上岗了！支教故事，也正式来了。

## 第一学期：五年级语文老师及班主任

### 1. 小王老师，加油加油加油

第一学期，我教五年级五班的语文、书法、传统文化，担任班主任。这是一个转型班，全班学生都是哈萨克族，孩子们的名字比较长。受疫情影响，学生在校期间需佩戴口罩，我有时只能看见上半边脸，增加了认人难度。我花了两周记住班级所有同学的名字并准确对应。其中有几次学生跑过来问我有没有记住他的名字，我没能答上来，学生们就和我介绍自己名字的意思，并强调下次一定要记住，弄得我还挺不好意思的。

转型班的孩子在刚入小学的时候，是用哈萨克语上课，学的也是哈萨克语，普通话课安排得并不多，他们的普通话基础相对非转型班是更弱的，这也意味着在课堂外，我需要在备课及课后辅导上更下功夫。

■ 和学生一起

　　语文学习不仅仅是对课本内容的学习。要想学好语文，课外阅读是必不可少的。为了丰富班里同学的生活，我通过自费、朋友捐赠、社会募捐等方式，建立了班级图书角，鼓励学生读好书、好读书。

　　在教学路上，我不是孤军奋战，也有很多前辈给予了我无私的帮助。

■ 做好备课工作

学校开展了青蓝教师结对活动，我的师傅是年级组里教学成绩最优秀的老师。她的课，打破了我对边疆老师的认知。"讲得也太好了吧！"师傅还身兼学校的行政工作，看到她每天奔走在校园里，"要是多些老师，也不会这么累吧"，我心想。

学而思的老师也每周为我们进行线上培训。谢谢为边疆教育事业发展无私奉献的人们。

■ 办公室美丽的同事

我所在办公室的氛围很好，我是最小的，也是最受关照的。平时有什么问题在办公室问一句，大家就会一起帮我出主意。"分位置有讲究的，让学习好的带动学习不好的；分小组，选小组长，小组内互帮互助，给表现突出的组奖励。这样有利于形成良好的学习氛围，你一个一个指导，没有这么多时间精力的""像他这样的表现，你开始已经好好讲过道理了，犯了两三次，就要严肃严厉地批评，要不然他还觉得自己没错""五年级的作文很重要，你可以让每个学生做一份《作品集》，有封面有目录，每个单元的作文就是一篇作品，写完后你要有详批有总批，写的不行的要重写。一学期下来，这本作品集能让他们收获很多的"……

坐我旁边的是一位教学经验丰富的援疆老师，她不仅是她们班的老师，还成了我初入职场影响最大的老师，因为我几乎每天都要问她各种各样的问题。有时我先去听她的课，根据我们班实际情况改一改，就能在班里讲了。

有了前辈们的帮助，我的教学效率高了不少。感谢她们！加上小学五年级的语文并不难，学生们平时看抖音、快手、各类影视节目看得也挺多的，能听懂我说的话，能理解课本中大部分内容的意思。

但是，能听懂并不意味着写在纸上也都能写对。在大部分同学能理解意思的情况下，有的同学默写、听写90分以上，能独立写完作文；而有的同学错别字多，作文不成篇。也就是说，我们班两极分化现象严重。这是这学期最困扰我的问题。

针对这一情况，我在课后给基础薄弱的学生小范围集中辅导、基础特别薄弱的学生一对一辅导，先示范如何写，再让他们对照着书本一笔一画抄几遍，然后听写；指定对该知识掌握良好的同学，一对一帮助未掌握的同学；联系家长，希望在家能督促孩子学习，给孩子指导；设立进步奖，他们取得进步，就能获得奖励……有些孩子取得了进步，从60分到90分，但遗憾的是，在校、家、生的共同努力下，还是有个别学生基础知识水平提高不明显，以后的知识对他们来说会越来越难。

"没关系，我们从最基础的补起，五年级太难就从四年级开始，四年级还比较难我们就从三年级开始，一点一点来，总会有进步的！你是个聪明的孩子，老师对你很有信心，你也要对自己有信心，好吗？平时可以多抄抄重点字，观察字的组成，看看课外书，学习学习别人是如何写作的，有疑问随时问老师，老师期待看到你的成长！"作为老师，我太希望他们的学习积极性能被调动起来，能感受到学习的乐趣，能在未来的人生中，不会因为普通话水平不够少了一些好的选择。但鼓励他们的同时，我其实是感到心有余而力不足的，如果有更多优质教学资源来到吉木乃，这些孩子应该也会不一样吧。

■ 学生字迹练习前后鲜明的对比

或顺利或困难，总的来说，这学期从学习网上优秀教师示范课和旁听学校老师课程，到备课、上课、改作业，再到纠错，大概按照这么一套流程，结束了五年级上册的语文教学。最终，我们班的语文成绩从51、59、68、71分等不断进步。成绩会因为试卷难易程度发生变化，不能反映一切。但看到学生会带字典来学校，会在课后和我讨论作文范文哪里写得好，会和我聊古罗马历史时，我挺开心的，孩子们成长了，不愧是五五班的孩子。

■ 可爱的孩子们

### 2. 当班主任的惊喜与惊吓

上岗一个月后，原来的班主任因为要休产假，我便从副班主任"荣升"为班主任。这意味着，对五五班，我是主要负责人了，有更多表格要填，更多信息要向家长收集，更多赛事要指导……并且，还少了一个人在我身后提供强力支撑。这听起来是一件让人压力倍增的事，不过我喜欢挑战新事物，喜欢解锁不同体验，所以也没太多畏惧，很欣然地接下了这份工作。

于是，带着孩子们打扫了一天又一天的卫生，解锁扫雪技能；上

■ 带着孩子们扫雪

了一节又一节班会课、队会课，丰富学生知识体系；组织同学们收看了一次又一次的节目，一起了解国事天下事；做了一遍又一遍的广播体操，坚持强身健体；画了一张又一张手抄报，丰富学生课外生活，提高艺术修养；带着学生参加了几场体育赛事，在赛场上，孩子们团结、勇敢、拼搏，体会到拼尽全力取得胜利的喜悦；收获一项又一项荣誉；一起完成教室搬迁工作；一起在回家后学习新知识；一起组织筹划元旦晚会，欣赏同学们的精彩表演；答应表现优异的学生可以满足一个合理愿望，于是和小“吃货”们吃了很多顿饭……就这样，和孩子们度过了很多难忘的时光。

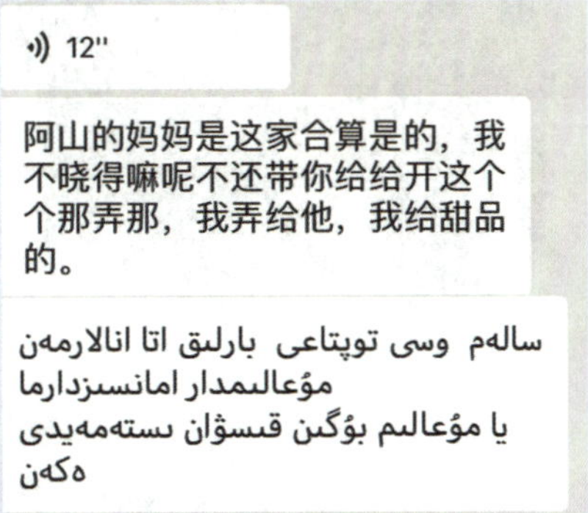
12"
阿山的妈妈是这家合算是的，我不晓得嘛呢不还带你给给开这个个那弄那，我弄给他，我给甜品的。
سالەم وسى توپتاعى بارلىق اتا انالارمەن
مۇعالىمدار امانسىزدارما
يا مۇعالىم بۇگىن قىسقان ىستەمەيدى
ەكەن

■ 适应哈萨克语的沟通

原来当班主任，除了群里的哈萨克语听不懂外，其他的都可以做到并做好，原来我的学生比我想象得还要可爱、懂事、有担当。

这个学期，我基本每天都工作到很晚，但每天心里都很快乐，孩子们一天天成长，我要继续加油呀！

### 3. 南方人在祖国西北，假期怎么过

这学期正处冬天。阿勒泰作为人类滑雪起源地，我趁节假日去放松体验一下，感受2小时学会双板入门的骄傲；打卡从来没有玩过的“泼水成冰”；和好朋友一起拍雪、拍星星；一起在雪地里撒欢；坐在

■ 和学生一起完成的活动

■ 和队友们一起度过的美好

教室透过窗外看雪山，发呆休息；去少数民族同事家做客，品特色美食；参观吉木乃著名景区草原石城……

我们对吉木乃，对阿勒泰充满好奇，去了很多餐厅，走了很多路，做了几次饭，聊着聊着，彼此越来越熟悉。

### 第二学期：一年级语文老师及班主任

第二学期，我被安排教一年级一班的语文、书法、传统文化，并担任班主任。

从学习成绩来看，一一班上学期语文成绩全校第二，基础是很不错的。从班风方面来看，上学期一一班多次获得流动红旗，学校老师对班级氛围有很高的评价，班风优良。接手一一班，了解到班级情况后，我诚惶诚恐，生怕自己没能让"小豆丁"们保持卓越。"尽心尽责，毫不懈怠"，返校第一天，我便对自己提出要求。

一段时间后，我发现教学上仍然可以按照"学习网上优秀教师示范课+旁听学校老师课程→备课→上课→改作业→纠错"这样的流程进行。因为一年级需要掌握的知识比五年级少，且不需要写作文，所以在教学方面，我的压力是更小的。

一一班家长对小孩教育的重视程度明显更高，家、校配合更紧密。很多时候家长自己会教孩子、给孩子布置作业、辅导功课。基本每天大家都会在群里打卡学习情况，或是读课外书，或是预习，或是背诵课文，学习习惯很好。期中考试我们班语文成绩及格率位列年级第一，平均分名列前茅。期末考试班里平均成绩年级排名第一，年级前五有四名在我们班。这学期，我切实体会到"父母是孩子最好的老师"这句话的含义。

作为班主任，照顾好六、七岁的小朋友们，本身就要比照看十几岁的大孩子更难。加上受疫情影响，这一届小朋友在入小学前在幼儿园少上了一学期课，所以很多孩子还没有适应学校生活。

"老师，我校服不见了。""老师，我妈妈说让我吃完饭要喝药，你

■ 和班里学生一起

■ 可爱的孩子们

能帮我冲一下吗?""老师,×××拍我!""老师,×××尿裤子了!""老师,×××摔倒了。""老师,我忘记带语文书了。""老师,有个大哥哥说我矮。""这个菜我不喜欢吃,我不吃。"……只要我出现在孩子面前,小朋友们总有各种各样的事情想和我分享,或者需要我处理。而且一件事解决了,会有更多的小朋友要来分享。经过一番思量,我决定培养几名得力小助手,一同建设班级。

听说我要选班干部后,小朋友们都想展现自己,候选期的那一周,班级氛围明显不同。有一次一名值日生忘记擦黑板,我说了这件事,本意是想告诉孩子们从小要养成负责的好习惯,分内之事自己要记得做,如果有特殊情况也要及时反馈。结果还没等我说完,全班举手争着抢着要擦黑板。"小豆丁"们太可爱了!

选完班干部后,我的重心就放在培养班干部,以及处理重大疑难事件上,比如谁和谁打架了。效果还是很好的,有的孩子待人接物水平提高了,我的课间也不会有十多件事情要解决了。

这一学期,我和家长的线上、线下交流多了许多。因为一年级原则上必须要家长来接,我们每天排队在指定地方等家长,家长们会和我交流教育方面的问题,比如多动症怎么办、专注力不够怎么办、字不好好写怎么办。有时家长很忙不能及时来接,离学校近的我会直接送孩子回家;离得远的孩子就先在学校写作业,等家长来接。

回家后,不少家长也会和我反映孩子最近的学习情况,询问在校表现,介绍孩子的特长等。可怜天下父母心,每位家长都希望孩子过得好。对于我来说,被托付意味着一种信任,我专门学习了六、七岁小朋友的常见问题及解决方法,并在日常工作中更细心地观察孩子们。这学期,在语文课之外,我参与了孩子的数学、体育等其他课程,开展家访,希望他们在求学生涯之初奠定良好的基础。

一年级的小朋友太小了,还没有足够的打扫卫生能力。在送完学生放学后,我每天都会在班里打扫卫生,扫地、拖地、抹桌子、摆凳子、通风、消毒。我理解了为什么家长们既盼着小不点快快长大,又

不希望小不点长大的复杂心情。

　　眨眼间，这学期也快结束了。2021年6月，是告别的时间。告别康河的柔波，告别西天的云彩，告别蓝天白云下的朋友……

　　在吉木乃任教的最后一天，我给每名孩子买了一瓶旺仔牛奶。"老师要回北京了，给你们送个礼物，希望你们健康快乐成长！"小朋友们天真无邪，我以为多少会有几个学生不舍，结果话音刚落，全班欢呼"耶"！看来都很喜欢礼物啊。

　　下午，我和他们正式告别，唱了《再见》《送别》《再别康桥》三首歌。听到我颤抖的声音，小朋友们直接感受到了离别的气氛，哭了两节课。他们可能也不太明白什么是离别，不太明白北京和吉木乃的距离，就是以人类最纯真最朴实的情感，表达"我想要你好好的""我想要你一直陪着我""你要离开我们了我很难过"的内心想法。从他们身上，我更加坚信每个人都是天使。我们大人要一起努力，让每个小孩拥有幸福快乐的童年。

　　我要离开吉木乃了，我的学生们还在吉木乃。你们是我的宝贝，永远的宝贝！

■ 与学生们的合影

这个学期，我们吉木乃分团前往吉木乃初级中学、吉木乃高级中学开展了几场讲座，分享学习方法和大学生活；筹集资金组织了心向北京研学行，带领吉木乃三名师生前往北京游学；进行理论学习，丰富理论修养……

放假的时候，我去了可可托海、喀纳斯、吉木乃口岸等著名景点，看了吉木乃夜市开场演出，在家和朋友们做了饭……想去的地方都去了，想做的事情也都做了，我挺满足的。

### 反思与展望

要说反思与展望，我回顾了过去一年的影像，重温了各种各样的聊天记录，确实有一些想要改变的地方。

首先，这一年在形象管理上有些放飞自我了，现在看刚到时的照片，学生装的我看起来真的像小学生，怪不得在学校有小朋友问我是几年级的。作为一名初入职场的老师，还是穿职业装、化职业妆，更能树立老师的威严，有利于管理班级。

■ 吉木乃的夜空

然后呢，在吉木乃有一些洒脱而真诚的西部计划志愿者，我们说好以后一起玩，常联系，但缘分可能就止于说好的那个时候。如果能重来，我会更主动更积极，而不是宅在家里玩手机。

如果有阿拉丁神灯让我回到2020年那个夏天，那么故事肯定会不一样。不过没关系，人又怎么能完全跳脱当时所在环境的限制呢？我想做的基本都完成了，不要太苛责自己了。

比起有待改进的地方，在吉木乃的收获要多得多。最快乐的事情就是认识了姝钦，她是我在吉木乃最好的朋友。国辉和我都在县直小学，他总是能给我保障，让我有安全感。永坤的认真勤勉，激励我把工作做得更好。

学生们很可爱，同事对我都很友善，工作环境让我感到很温暖。还有包容支持我的家长们。简单的话语，是半年朝夕相处后，再怎么表达也很难表达完的深情。

在新疆，通畅的4G网络、顺畅的道路、便捷的水电供暖等，我看到我们国家的强大基础建设。在新疆，常通风，戴口罩，路上的巡逻车，我看到我们国家对保障人民生命健康的高度重视。在新疆，良好的景区建设，饭店老板请吃西瓜，听闻是外地来新疆后积极介绍新

■ 享受旅途

疆，我看到各民族团结融合，赞扬新疆人民的热情好客。

对我自己而言，在吉木乃我收获了自信。作为一个科研成绩并不突出的北航人，很难不焦虑。在吉木乃的这一年，我终于能在主流赛道上做到最好，走出社会切实感受到自己的价值。

所以说，人生还是会有许多不期而遇的惊喜啊！在这里的一次次相遇，就像天上的一颗颗星星，往后不如意的一天，抬头看着星空，仰仗天涯海角的星光，便汲取了力量。日思夜想，真的不想给这些故事画上句号啊！

## 结束服务期

结束服务期，我和爸爸如往常般开心地在机场相见。表弟上完一年级，人生中第一次获得奖学金，笑嘻嘻地玩着我带回来的玩具。和我一同前往新疆的老乡，选择继续留在吉木乃，让青春在祖国最需要的地方绽放光彩……出发时的那些忧伤，都已经过去了。

海明威在《流动的盛宴》里写道："假如你有幸年轻时在巴黎生活过，那么你此后一生中不论去到哪里，她都会与你同在。"

在这里，我度过了中学以来最安静的一段时光。

感谢你看到这里，真挚地邀请你来大美新疆，感受祖国的辽阔，欣赏绝美自然风光！

天空的情书总会有给你的一封，你也会在这里无所顾忌地快乐一场。

# 后 记

时间很快，故事很多。这一年，他们从培养上岗，到挥手告别，形成了"教育教学是主责，志愿扶贫是追求"的工作模式。20名志愿者坚持以"支教+扶贫"为主线，投身基础教育工作，开创系列公益品牌，为祖国中西部发展作出了平凡但无悔的青春贡献。

这一年，他们坚持找准功能定位，努力作出专属贡献，在青春之路上留下了众多难忘的故事，难得的收获，记录了满满真实的感受、真切的回忆。这段见证、历练、收获和成长，势必是每一位志愿者今后在各个岗位和事业中，都会时常回味的美好记忆和奋斗动力。

感谢每一位支教团志愿者的辛勤付出！感谢一直以来北航的培养与鼓励，感谢各级项目办的指导与支持，感谢各服务学校的照顾与认可，感谢社会各界爱心企业、单位及爱心个人的善意与温暖！

感谢对支教团工作提供帮助的所有朋友，感谢相逢相遇的所有同行伙伴！

期待未来，一届届研究生支教团接续奋斗，在教学创新实践、多维育人机制、挖掘扶贫资源、构建校地合作方面有新的思考、新的作为，做出新的优异成绩。

期待未来，更多青年学子肩负使命，扎根奉献，立大志、明大德、成大才、担大任，努力成为堪当民族复兴重任的时代新人，让青春在为祖国的不懈奋斗中绽放绚丽之花。

故事继续，后会有期。